Dr. Werner Christoph

WWW
Transformation Online

Alpha & Omega

Impressum

Autor: Dr. Werner Christoph

Gestaltung, Satz: Udo Schmidt, München

Titelbild: Apple's Eyes Studio, Shutterstock

Druck und Bindung: Druckhaus Nomos, Sinzheim

Verlag: Alpha & Omega Medien GmbH, Frankfurt

1. Auflage 2011

ISBN 978 3 931 67163 1

In großer Dankbarkeit widme ich dieses Buch besonders meinem Lehrer der Alchemie Frater Albertus, durch den ich eine echte Transformation des Denkens und Handelns erleben durfte.

Der Dank gilt auch meiner Frau Angela, die mich in den vielen gemeinsamen Jahren bis heute stets bestens mit ihrer weiblichen Intuition beraten und gelenkt hat.

Transformation online

Transformation online - ein merkwürdiger Name, was soll mir das sagen?

Dieses kleine Buch enthält viele Gedanken, die auch sehr konzentriert zusammengefasst sind, so dass du in der Kürze die Würze hast.

Aber dieses Buch wirklich zu lesen, es zu verstehen, und zu akzeptieren, das wird dir sicherlich irgendwann, an irgendeiner Stelle schwer fallen.

Tiefenpsychologisch sagt man, das, was ich am meisten ablehne, sollte ich noch versuchen, zu integrieren. Also schau besonders dorthin, was du ablehnst oder was dich vielleicht sogar ärgert. Lies es noch einmal, denke darüber nach, sprich mit anderen darüber und vielleicht kannst du es dann irgendwann einmal integrieren.

Ein Frequenzumformer dient dazu, Frequenzen herauf oder herunter zu transformieren, damit wir sie wahrnehmen können.

Ein junger Mensch kann z.B. Frequenzen von ca. 16 bis 20.000 Herz hören. Frequenzen darunter und darüber hören wir nicht. Doch die meisten Menschen denken, nur was sie hören, sei die einzige Wirklichkeit.

Das ist natürlich nicht so. Wir sehen, hören, riechen, schmecken und tasten nur einen ganz geringen Ausschnitt der Wirklichkeit.

Tiefe Frequenzen unterhalb von 16 Hz werden als Infraschall bezeichnet und hohe Frequenzen über 21 kHz als Ultraschall. Während Infraschall teilweise über Körperschall als Vibration wahrgenommen werden kann, ist Ultraschall für den Menschen nicht wahrnehmbar. Viele Tiere können jedoch wesentlich höhere Frequenzen als der Mensch hören, z. B. manche Fledermäuse über 100 kHz.

Fakt ist auch, dass das für uns sichtbare Licht nur einen ganz kleinen Teil des gesamten Frequenzbandes ausmacht, das wir heute erfassen können. Man wundert sich schon ein wenig, wenn man dies sieht, nach dem Motto: Was gibt es denn noch alles?!

Und noch größer wird das Wundern, wenn man sich bewusst wird, wie geheimnisvoll die Pflanzenwelt arbeitet, sie wandelt mit Hilfe des Chlorophylls das Licht in für uns verwertbare Energie um.

Die Forscher in der ganzen Welt arbeiten hart an dem Problem, dieses Geheimnis zu lüften, denn damit könnte man sicherlich schnell und leicht vielen hungernden Menschen helfen.

Interessant ist, dass sich in der Mitte des Chlorophyllmoleküls ein Magnesium-Atom befindet.

Das zeigt die hohe Wertigkeit des Magnesiums, von dem ein französischer Forscher schon vor langer Zeit schrieb, dass es wirklich sehr wichtig für den Körper sei, es helfe sogar bei der Krebserkrankung.

‚Chloros' im altgriechischen heißt übrigens ‚hellgrün', ‚frisch' und ‚phyllon' das Blatt.

Übrigens hat unser Blutfarbstoff, das Hämoglobin, eine recht hohe Ähnlichkeit mit dem Chlorophyll in der Molekülstruktur. Zufall? Es trägt aber in der Mitte statt des Magnesiums ein Eisenatom.

Obgleich das Licht nur einen ganz geringen Teil im Frequenzband ausmacht, das wir heute kennen, können wir dennoch gut damit leben, sehr gut sogar. Offensichtlich hat der Schöpfer uns absichtlich solche zwar begrenzten aber dennoch unglaublich guten Möglichkeiten der Wahrnehmung gegeben, so dass wir uns hier gut zurechtfinden und leben können. Wahrnehmen ist eine Funktion, die mir das ‚Wie' zeigt, erklärt, wie etwas funktioniert. Aber die Frage nach dem ‚Warum' wird damit nicht beantwortet.

Doch diese Frage nach dem Inhalt, dem Warum, ist doch eigentlich genauso wichtig wie nach dem Wie, nach der Funktion. Ich meine, sie sei sogar noch wichtiger, damit ich mehr und besser verstehen kann.

Und ist es nicht merkwürdig, dass die Wissenschaft diese Frage nach dem Warum gar nicht stellt und dann natürlich auch nicht danach forscht. Sie bleibt an der Hülle, der Form hängen, an dem Schein des Seins.

Wenn ich aber den Inhalt nicht kenne, sondern nur die Form, die Hülle, besitze ich eben maximal die Hälfte des Menschseins, es fehlt die Frage nach dem Sinn.

In über dreißig Jahren ärztlicher Tätigkeit hat es mich immer wieder fasziniert, dass vor allem ältere Patienten, wenn ich sie nach dem Sinn des Lebens frage, meist sagen: weiß ich nicht, darüber habe ich eigentlich auch noch nicht nachgedacht. Und dies geschieht oft besonders bei sog. Intellektuellen, also Menschen, die auch noch jahrelang studiert haben.

„Wenn ihr es nicht fühlt, ihr werdet es nicht erjagen."

Wir wollen nun nach dem Inhalt fragen, nach dem Warum und uns in die Hermetische Wissenschaft begeben, um mehr und besser zu verstehen, was ein Physiker, Prof. Schumacher, als die drei wesentlichsten Fragen unseres Lebens bezeichnete: Woher, Warum und Wohin?

Schon seit dreißig Jahren, als fast noch niemand die Hermetischen Grundgesetze kannte, haben wir begonnen, in Seminaren der Spirituellen Psychologie und Alchemie, diese zu erklären. Heute erscheinen immer mehr Bücher darüber, auch von ehemaligen Seminarteilnehmern. Das ist gut so, denn damit erwachen immer mehr Menschen!

Hermes Trismegistos, ein weiser Alter, hat uns in nur sieben wichtigen Prinzipien die Welt erklärt:

„Es gibt sieben Prinzipien der Wahrheit,
und derjenige, der sie kennt mit vollem Verständnis,
besitzt den magischen Schlüssel, bei dessen Berührung
alle Tore des Tempels sich öffnen!“

1. Hermetisches Prinzip

„Das All ist Geist - das Universum ist geistig“.

Mit dem normalen Verständnis des Alltags können wir diesen Satz vom Geist nicht verstehen. Dazu sollten wir uns erst einmal klar machen, was ist denn Geist?

Wenn wir in einem Lexikon oder im Internet nachschauen, erhalten wir Erklärungen, mit denen wir im Alltag eigentlich nicht viel anfangen können.

Darum benutzen wir die alte Hermetische Tradition, die auch die Grundlage der Alchemie ist, und finden dort folgende Definition: Geist gleich Leben, gleich Energie, gleich Gott.

Nach dem alchemistischen Verständnis gibt es nur ein Leben, eine Energie und einen Gott, aber dieses eine Leben manifestiert sich in unendlich vielen Formen auf der materiellen Welt. Ebenso gibt es nur eine Energie, die sich hier auf der Erde in verschiedenen Formen sichtbar manifestiert, z.B. in Elektrizität, Magnetismus, Atomenergie, Sonnenenergie usw.

Und so gibt es nur einen Gott – wir sollten dies einfach mal als Grundlage zum besseren Verständnis akzeptieren, egal wie religiös wir erzogen wurden oder was wir selbst glauben - der sich aber in allem hier auf der Erde und im materiellen Universum zeigt. Also ist alles göttlich, alles enthält in sich mehr oder weniger von diesem Prinzip.

Die moderne Physik kann diesem Grundprinzip der Hermetik zustimmen, denn sie sagt auch: Im Grunde ist alles Schwingungsenergie.

Nun hat jedes Energiefeld bestimmte Frequenzspektren, die mehr oder weniger tiefe und/oder hohe Frequenzen enthalten.

Das Schwingungs – und Frequenzspektrum des göttlichen Energiefeldes enthält dagegen alle Frequenzen und wir können es mit der göttlichen Welt gleichsetzen.

Diese Welt können wir nicht ohne weiteres wahrnehmen und deshalb nicht verstehen: "Du sollst Dir kein Bild, kein Gleichnis von mir machen"!
Aber wir haben eine wunderbare Chance, wie wir später erkennen werden, uns doch auf gewisse Weise diesem Energiefeld zu nähern. Es ist einfach wunderbar!

Wir wissen z.B. von den Röntgenstrahlen, dass höher schwingende Energiefelder Materie leichter durchdringen können als niedrig schwingende.

Wir Menschen hier in der sehr langsam schwingenden materiellen Manifestation befinden uns also fast ganz unten auf der Leiter der Skala der Energiefelder.

Wir sind herabgefallen aus der göttlichen, hoch schwingenden Welt, wir sind herabgestiegen in diese langsamen Frequenzen der irdischen Manifestation, wir haben uns abgesondert aus dem höchsten Energiefeld, der Einheit!
Nichts weiter, nicht weniger oder mehr. Da gibt es keine Schuld, keine Erbsünde oder Sünde, keine böse Tat!

Das Gleiche lehrt uns auch die Kabbalah, die Wissenschaft von der Seele und von Gott und allen Beziehungen zwischen ihnen.

Also verstehen wir die sog. Erbsünde oder Sünde besser, wenn wir das altgriechische Wort dafür untersuchen: ‚hamartanein'. Dieses bedeutet auf der ersten Ebene, den Punkt nicht treffen, das Ziel verfehlen, dann erst, sich absondern und dann erst sündigen.

Wir können also den Mittelpunkt der Einheit, in dem alles eins ist, nicht treffen. Darum versuchen wir auch so krampfhaft z.B. mit dem Pfeil und Bogen oder dem Gewehr auf der Schießscheibe immer wieder die Mitte zutreffen. Ebenso versuchen wir im Alltag immer wieder unsere eigene, göttliche Mitte zu finden.
Und dann gibt es sogar einen Berufszweig, der sich auch ewig bemüht, den Menschen immer wieder in seine Mitte zu führen, zu ziehen, die Medizin.

Die Schlange, die am Baum der Erkenntnis herunter ge-

krochen ist in die Materie , soll wieder hinaufsteigen!
Das ist unser Weg!

Was können wir denn ganz praktisch tun, um zu einem höheren Bewusstsein zu gelangen?

Erst einmal sollten wir die alte Weisheit nicht vergessen: ‚mens sana in corpore sano' - ein gesunder Geist in einem gesunden Körper.

Wir sollten also unbedingt auf der materiellen Ebene beginnen, das Gefäß unseres Geistes und unserer Seele, nämlich unseren Körper, zu pflegen und zu hegen und nicht nur das Gehirn, sondern jede Zelle unseres Körpers gesund zu machen und gesund zu erhalten.

Was heißt dies, was bedeutet es oder was sollen wir tun?

Wir können uns dabei an die Empfehlung, den Grundsatz der Alchemisten halten: ‚separatio, purificatio und cohabatio' - trennen, reinigen und wiedervereinigen.

Wenn der Geist - also Energie oder das Leben - ein sprödes und defektes Gefäß vorfindet, wird es da nicht lange bleiben können, die Energie flieht, entfleucht, entkommt oder zerstört mit ihrer hohen Frequenz das Gefäß.

In der Alchemie lernen wir: Lerne zu trennen das Feine vom Unfeinen, das Reine vom Unreinen.

Beschäftige dich also, wie Goethe uns mitteilte, mit dem Wahren, Schönen und Guten oder richte dich nach dem Grundsatz: Edel sei der Mensch, hilfreich und gut!

In der Kabbalah, einer sehr alten und allgemeingültigen Weisheitslehre, die nicht nur für den jüdischen Bereich gilt, sondern für alle Menschen, wird zum Beispiel der Sephiroth (Sphäre) mit der Nr. 9, Jesod , die 'klare und reine Intelligenz' zugeordnet. Gleichzeitig heißt es dort, ‚sie ist die Basis und das Fundament'.

Trenne dich also von allem, was nicht rein und fein ist, und das auf den drei Ebenen von Körper, Seele und Geist, so lehrt es uns auch die Alchemie.

Dies beginnt zum Beispiel beim Essen. Ernähre dich vegetarisch. Oder ist es fein, Tiere zu töten?

Pythagoras (um 570 bis 500 vor Christus): *„Alles, was der Mensch den Tieren antut, kommt auf den Menschen zurück."*

Denke nur positiv zum Wohle aller, oder ist es rein und fein zu denken: Du Idiot?

Es gibt also viel für dich zu denken und vor allem zu ändern, dich von alten Gedanken zu trennen.

Denke an diese alte Weisheit:

Achte auf deine Gedanken
denn sie werden Worte

Achte auf deine Worte
denn sie werden Handlungen

Achte auf deine Handlungen
denn sie werden Gewohnheiten

Achte auf deine Gewohnheiten
denn sie werden dein Charakter

Achte auf deinen Charakter
denn er wird dein Schicksal

Ist es fein, negative Gedanken und Worte, Lärm oder Beleidigungen, negative Filme oder Bücher nur mit Mord und Totschlag und Betrügereien zu verbreiten?

Noch ein bekanntes Sprichwort kann dir helfen, in jeder Sekunde zu entscheiden, ob du etwas denken, fühlen oder tun sollst:

Was Du willst, das man Dir tut, füg erst mal einem Anderen zu!

Ich kann und möchte dir in diesem kleinen Buch nur Anregungen geben, tun musst du es selbst, denn nur du alleine musst auch verantworten, was du denkst, sprichst und tust.

Das uralte Symbol vom Nikolaus sollte uns immer daran erinnern, dass alles, aber auch jeder Gedanke, jedes Wort und jede Tat im großen Buch der Akashachronik aufgeschrieben ist und, dass nichts verloren geht, d.h. ich trage für alles die Konsequenzen. Dies gilt für das Negative, aber natürlich auch für das Positive!

Und damit brauche ich mich eigentlich nicht um das zu kümmern, was andere Menschen sagen oder tun, sie werden hundertprozentig die Konsequenzen tragen.

Fasse dich also nur an deine eigene Nase, ändere dich, mache aus dir einen edlen Menschen!

Kennen wir nicht auch den alten Weisheitsspruch: den Dorn im Auge des Anderen siehst du, aber den Balken im eigenen nicht!

Ein weitere Hilfe kann die alte Weisheit des Sokrates sein:
„Schüttle alles was du denkst, sprichst und tust durch die drei Siebe: ist es wahr, gut und notwendig? Wenn nicht, lass es!“

Eine wunderbare Hilfe für den Alltag!

Gehe diesen Weg der alten Alchemisten zur Vollkommenheit, bemühe dich. Mit den Worten Goethes gesagt:
„Wer ewig strebend sich bemüht, den können wir erlösen!“

Mein Lehrer, Frater Albertus, Prof. Dr. h.c. Albert Riedel, von dem ich unglaublich viel lernen durfte, lehrte mich, dass man letztlich alles alleine machen muss und dass die zwei wichtigsten Tugenden Geduld und Ausdauer sind.

Also: never give up!

Es ist nicht schlimm, wenn du Fehler machst, aber merke es und korrigiere sie genauso selbstverständlich wie du täglich deinen Körper beschmutzt und wieder reinigst!

Ein Leben lang waschen wir täglich immer wieder von Neuem den Körper und keiner sagt: Was, ein Leben lang soll ich das tun?

Wenn wir aber sagen, reinige auch täglich Deine Seele und Deinen Geist, dann höre ich oft die Antwort: Was, ein Leben lang?

Täglich: Trennen und reinigen!

Auf diesem Weg wirst du dann automatisch vom Schicksal weiter geführt und neue, edlere Menschen kennen lernen. So erfährst du stets neue Einweihungen im Alltag, denn Alles im Alltag ist wichtig für dich, aus allem kannst du lernen, und wenn du nur lernst, dich immer weniger aufzuregen und zu ärgern, ohne die negativen Erfahrungen zu verdrängen.

Dies ist vergleichbar mit einer Bergwanderung, der Aufstieg ist zwar mühsam und anstrengend, eventuell sogar gefährlich, aber oben auf dem Gipfel ist die Freiheit grenzenlos!

Wenn ich mein Ego überwunden habe, bin ich grenzenlos, weit, denn ich erlebe auch dort das Resonanzgesetz, die endlose Weite, das hohe Bewusstsein und die hohe reine und feine Energie.

Wir werden nun immer weitere Handwerkszeuge kennen lernen, damit wir etwas schneller erfolgreich werden können, um Meister zu werden von uns selbst: the one who conquers himself - der, der sich selbst, das Ego, überwindet - der ist Meister.

2. Hermetisches Prinzip

„Wie oben so unten, wie innen so außen oder Mikrokosmos gleich Makrokosmos.“ (1)

Nach dem Resonanzgesetz ‚Wie oben so unten, wie innen so außen‘ - oder umgekehrt, kann ich nur das empfangen, was ich in mir habe, ich muss auf dieser Frequenz schwingen, sonst hat es keinen Wert für mich. Es hieße sonst ‚Perlen vor die Säue werfen‘, wie man so schön sagt.

Wenn ich mich also ‚Innen‘ mit meinen Gedanken und Gefühlen nur mit positiven Werten beschäftige, zum Wohle aller , dann werden mir automatisch auch in der Außenwelt positive Dinge und Ereignisse begegnen und umgekehrt.

Man nennt dies auch das Gesetz von Inhalt und Form. Wir kennen ein altes Theaterstück von Gottfried Keller ‚Kleider machen Leute‘. Die äußere Form beeinflusst den Inhalt, aber auch umgekehrt

Ich kann dieses Gesetz nun weise nutzen, indem ich entweder den Inhalt oder die Form ändere und dies beeinflusst dann jeweils auch die andere Ebene.

Schneller geht es, wenn ich gleichzeitig auf beiden Ebenen arbeite, also z.B. die Gedanken, Gefühle und meine Körperhaltung, meine Kleidung, meine Worte ändere.

Wir kennen dies alle aus Erfahrung. Wenn ich in eine Kirche, Kathedrale, eine Moschee oder einen Tempel gehe, fühle ich mich gleich anders als auf der Strasse oder in einer Kneipe.

Wir verhalten uns dann auch in der Kathedrale gleich anders, wir sprechen leise, wir trampeln nicht laut herum sondern bewegen uns langsam und ‚auf leisen Sohlen'.

Also, wenn ich mir andere, z.B. festliche Kleider anziehe, fühle und verhalte ich mich anders, als wenn ich in Arbeitskleidung einen Graben aushebe.

Auch meine Körperhaltung entspricht diesem Resonanzgesetz. Ich kann an der Haltung erkennen, was ‚innendrin' abläuft, ich demonstriere es mit meiner Körperhaltung.

So heißt es, wenn du deprimiert sein willst musst du auch so stehen, gebückt, den Kopf nach unten beugen und am besten auch noch deinen Rücken. Stehe auf keinen Fall aufrecht mit erhobenem Blick nach vorne oder sogar nach oben.

Wenn ich in einem Gespräch die Arme vor meinem Körper verschränke, weist dies nicht unbedingt darauf hin, dass ich mich dem Anderen öffnen möchte, dass ich auf ihn freundschaftlich zugehe und ihm total ‚gewogen bin'.

Oder wenn ich jemandem gegenüber sitze und meine Beine verschränke, beweist dies auch entweder Angst, ich mache mich erst einmal zu, oder Ablehnung.

Die Körpersprache verrät also vieles, ebenso meine Kleidung, mein Auto, mein Haus usw.

Man kann an allem Alles erkennen, allein durch dieses Prinzip der Hermetik, wie innen so außen und umgekehrt oder wie oben so unten.

Wenn ich einen Porsche fahre, fühle ich mich doch ganz anders, als wenn ich auf einem Traktor sitze, in einem Panzer oder in einem Trabi.

Wie oben so unten bedeutet auch folgendes: Wenn ich als Makrokosmos Mensch ein Bewusstsein habe, müssen alle meine Körperzellen auch ein Bewusstsein haben, zwar nicht das gleiche wie ich, aber sie haben ein Bewusstsein. Dann kann ich aber mit ihnen kommunizieren.

Unbewusst tun wir das stets und immer, denn jeder meiner Gedanke und Gefühle hat eine Wirkung auf meinen Zellen. Wir kennen dies alle aus Erfahrung, wenn wir uns nur ein wenig bewusster anschauen. Jede Erkrankung zeigt, dass meine Software, Gedanken und Gefühle, nicht positiv genug waren.

Bei den Computerleuten sagt man im Englischen: ‚garbage in, garbage out' - wenn du Müll rein tust, kommt auch

Müll raus!

Auch alle Reflexzonen-Systeme für die Diagnostik und Therapie basieren auf diesem 2. Hermetischen Prinzip. D.h. in jedem Teil ist das Ganze abgebildet. Das Gleiche sagt uns die Lehre von den Fraktalen. Ein Fraktal ist ein in sich identisches System auf den verschiedenen Ebenen der Maßstäbe. Man kann auch sagen: natürliche oder künstliche Gebilde oder geometrische Muster, die einen hohen Grad von Skaleninvarianz bzw. Selbstähnlichkeit aufweisen.

Auch die Lehre vom Hologramm besagt das Gleiche: Alles ist in Allem, in jedem Teil ist das Ganze analog enthalten. Heute kennen wir ja die dreidimensionalen Hologramme, die einen Gegenstand räumlich erscheinen lassen.

Das bekannteste Reflexzonensystem ist sicherlich das der Füße. Zwei Ärzte aus USA (Dr.Fitzgerald/Ingham) hatten die Grundlagen erforscht. In Deutschland hat dann Frau H. Marquardt das System ausgebaut und lehrt es seit vielen Jahren.

Ich kann also am Fuß diagnostisch und therapeutisch arbeiten und damit feststellen, wo sich am Körper eine momentane Schwachstelle befindet, die nur funktionell oder auch organisch manifestiert ist.

Diese Stelle schmerzt bei der Untersuchung und Therapie.

Wenn die Therapie geholfen hat, löst sich der Schmerz auf.

Natürlich gibt es das auch für die Hand.

Diagnostisch kann ich auch die Nase, die Stirn, die Schädelkalotte benutzen, sogar um zu finden, ob und wann im Leben ein Ereignis stattgefunden hat, das mich heute noch bewusst oder unbewusst belastet.

Ein weiteres, wunderbares System ist die moderne Aurikulo-Medizin nach Dr. Nogier, Lyon, Frankreich. Er fand heraus, dass auch am Ohr der ganze Mensch reflexzonenmäßig abgebildet ist und dass man hier sehr gut entweder mit Akupunkturnadeln oder auch mit einer Massage helfen kann.

Wie oben so unten bedeutet auch, dass jeder kleine Pickel auf meiner Haut, jeder Schmerz irgendwo am Körper, jede Entzündung ein Zeichen ist, dass bei mir etwas nicht stimmt. Unter anderem soll es auch ein Warnzeichen sein: Hallo lieber Mensch werde wach, ändere deine Software!

Wir können dieses Wissen nun aber auch positiv für uns anwenden, und täglich wenigstens einmal für fünf Minuten z.B. mit unseren Körperzellen kommunizieren.

Wie mache ich das?

Ich setze oder lege mich ruhig hin, schließe am besten die

Augen, um nicht so leicht abgelenkt zu werden und gehe in Gedanken von den Füßen angefangen durch alle meine Organe bis oben zu den Haaren und bedanke mich für ihre Mitarbeit.

Mach dir doch einmal klar, wie viel Arbeit unsere Körperzellen täglich für uns leisten, ganz selbstverständlich, ohne Lohn und Anerkennung!

Wie würdest du dich verhalten, wenn du ca. siebzig Jahre lang arbeitest und keine Anerkennung bekommen würdest?

Sage danke zu deinen Zellen und versprich ihnen immer wieder, dass du dich bemühen willst, ein edler Mensch zu sein.

Und wenn du dies immer wieder übst und tust, ein Leben lang, geht es dir besser! Das ist doch genau wie in einer Firma: Wenn die Mitarbeiter Anerkennung bekommen, sind sie zufrieden, dann herrscht Frieden.

So wie du denkst, fühlst und handelst, so bist du; und du, das sind auch deine ca. zehn hoch 13 Zellen.

Sicherlich wird in den nächsten Jahrzehnten die mentale Beschäftigung mit den Körperzellen wichtiger werden, man wird endlich herausfinden, dass jeder Mensch eine riesige Chance hat, wenn er täglich die Verbindung von

Körper, Seele und Geist herstellt, mit den Körperzellen spricht, seine Gedanken und Gefühle kontrolliert und transformiert und sich dann auch noch mit dem Himmel verbindet.

3. Hermetisches Prinzip

Das Prinzip der Schwingung

„Nichts ist in Ruhe, alles bewegt sich, alles ist in Schwingung.“

Dies stimmt auch wieder mit der modernen Physik überein, die uns zeigt, dass auch die kleinsten Bausteine der Materie ständig schwingen.

Also selbst wenn ich ganz ruhig sitze oder liege, bewegt sich immer etwas, auch in unserem Bewusstsein. Es ist nahezu unmöglich, die Gedanken zur Ruhe zu bringen.

Dieses Prinzip, wenn man es englisch ausspricht, bringt uns noch mehr Erkenntnis: No-thing rests, every-thing moves.

Also das, was nicht dinghaft ist, ruht. Alles was dinghaft ist, bewegt sich. Was aber ist denn nicht dinghaft? Gott, er ruht!

Wenn ich wenigstens ein wenig mehr zur Ruhe kommen möchte, sollte ich mich bemühen, zumindest gottähnlich zu werden!

Der einfachste Weg dorthin ist, zu denken: Zum Wohle aller!

Jesus sagte: *„Werdet vollkommen wie der Vater im Himmel, dann könnt ihr das Gleiche erreichen wie ich, und noch mehr!"*

Dieser Jesus konnte aber zu einem Toten sagen: *„Steh auf, nimmt dein Bett und wandle!"*

Dieser Satz hat mich als Kind schon sehr bewegt und ich bemühe mich stets, weiter in diese Richtung zu gehen.

Oder ein christlicher Mystiker Angelus Silesius soll uns hinterlassen haben: *„Wäre Christus auch tausendmal in Bethlehem geboren und nicht in dir, wärest du ewiglich verloren!"*

Toll, alles muss also in mir geschehen, das ist unsere Chance. Ich brauche nirgendwo hin zu fahren, auch nicht ins Himalaya Gebirge, ich habe die Chance mich hier und jetzt weiter zu entwickeln!

Übrigens das Wort entwickeln hilft uns auch weiter, wenn wir es wörtlich nehmen: Sich aus den Verwicklungen, in die wir uns im Laufe des Alltags stets und neu einwickeln, heraus zu bewegen.

4. Hermetisches Prinzip

Polaritätsgesetz

„Alles ist zwiefach, alles hat zwei Pole; alles hat sein Paar von Gegensätzlichkeiten; gleich und ungleich ist dasselbe; Gegensätze sind identisch in der Natur, nur verschieden im Grad; Extreme berühren sich; alle Wahrheiten sind nur halbe Wahrheiten; Widersprüche können miteinander in Einklang gebracht werden."

Jetzt stellen wir eine Tabelle mit Gegensätzen, mit Polaritäten auf:

+	Mitte	-
positiv		negativ
Mann		Frau
männlich		weiblich
einatmen		ausatmen
Ich		Du
warm		kalt
Tag		Nacht
groß		klein
Frieden		Krieg
Leben		Sterben

usw., diese Liste kann man nahezu unendlich erweitern.

Was sagt es uns? Nehmen wir als Grundbeispiel eine Batterie. Sie hat einen Pluspol und einen Minuspol. Beide Pole sind genauso wichtig, denn jeder Pol ist im Grunde ohne den anderen nichts wert, er führt uns nicht zum gewünschten Ergebnis, zum Strom, zur Energie. Dazu müssen beide Pole in die Mitte kommen, sich vereinigen (cohabatio!).

Jeder Pol ist also der Dünger für den anderen!

Dieses Prinzip gilt also auch für alle anderen Ebenen. Auf vielen Ebenen können wir dies leicht nachvollziehen. Der Mann alleine ist nicht viel wert, fühlt sich auf Dauer nicht gut, wenn nicht die Frau auch da ist, vor allem kann er alleine auch nicht in die Mitte kommen, um energetisch etwas Neues zu zeugen.

Und so ist dies auf allen Ebenen, wenn die Pole sich vereinigen, in der Mitte löst sich das Alte auf und es entsteht etwas energetisch Neues!

Bei Mann und Frau ist es das Kind. Bei den anderen Polen ist es nicht immer leicht, das Neue zu finden oder zu verstehen.

Aber es gibt viele Polaritäten, die es sich lohnt, zu überwinden, um in die Einheit zu gelangen.

Im Alt- oder Mittelhochdeutschen soll es noch ein Wort gegeben haben, das dies wunderbar zeigt: **Ichthu** - als die Vereinigung von Ich und Du.

Im Grund ist dies ja eine Urpolarität für uns Menschen. Das Ich erlebt das Du und meint, dadurch eventuell eingeschränkt zu werden. Dabei trifft das Gegenteil zu. Wenn ich das Ego überwinde, gelange ich mit dem Du in die Mitte, in die Einheit und Vollkommenheit.

Ein Abbild davon erleben wir im Orgasmus. Für einige Sekunden fühlen wir uns eins!

Ist dies nicht der Grund dafür, dass wir den Orgasmus als so schön empfinden? Überwindung der Polarität, Einheit, Einssein!

Niemand kann stets nur einatmen, aber niemand kann auch stets nur ausatmen.

Es gibt in der Medizin den Asthmatiker, er möchte am liebsten nur einatmen, meist fällt ihm das Ausatmen total schwer.

Johann Wolfgang von Goethe (1749 - 1832):
„Im Atemholen sind zweierlei Gnaden:
Die Luft einziehen, sich ihrer entladen;
jenes bedrängt, dieses erfrischt;
so wunderbar ist das Leben gemischt.
Du danke Gott, wenn er dich preßt,
und dank ihm, wenn er dich wieder entläßt!“

Auf diesen alltäglichen Ebenen erfahren wir also die Polarität ständig und wir akzeptieren sie auch.

Wie sieht es z.B. mit der Polarität von Krieg und Frieden aus? Mögen wir nicht alle lieber nur den Frieden?

Aber hat nicht auch der Krieg positive Aspekte? Überlege einmal kurz und schreibe sie auf. Dann schreibe die positiven wie die negativen Aspekte des Friedens auf. Du wirst sehen, es gibt auch viele Aspekte, warum Krieg gut sein kann und es gibt relativ viele Aspekte, warum Frieden schlecht sein kann.

Krieg positiv:

- Zerstört alte überkommene Strukturen
- Ermöglicht Neues auf sehr vielen Ebenen
- Der Mensch denkt über das Leben nach
- Leben wird noch wertvoller
- Nahezu alle technischen Erfindungen kommen aus der Kriegsforschung
- ‚Der Krieg ist der Vater aller Dinge'
- Menschen helfen einander mehr
- Der Mensch wird erfindungsreicher, er muss sich mit Wenigem zu helfen wissen
- Menschen werden kreativer
- Menschen lernen loszulassen

Krieg negativ:

- Altes wird zerstört
- Leben wird zerstört
- Angst
- Man muss loslassen, verlieren lernen
- Der Mensch ist plötzlich allein

Frieden positiv:

- Ruhe, Muße
- Kultur
- Gefühl der Sicherheit
- Zeit zum Nachdenken
- Zeit zum Forschen

Frieden negativ:

- Faulheit wird gefördert
- Egoismus entsteht
- Wenig Neues
- Alte Strukturen bleiben ewig bestehen
- Die Menschen wissen nicht mehr was sie mit der vielen Zeit tun sollen, so entsteht leicht Unzufriedenheit Langeweile
- Aus der Unzufriedenheit entsteht leicht wieder Kampf
- Keine Sinnfindung

Am Frieden lieben wir die Sicherheit. Aber wir erleben ja in der heutigen Zeit, nachdem wir schon über sechzig Jahre zumindest in Deutschland keinen Krieg mehr hatten, dass die Menschen sich oft recht aggressiv verhalten, Kinder spielen überwiegend mit Kriegsspielen, töten und tun dies sogar als Amokläufer.

Das einzig Sichere, wenn wir geboren werden ist...? Dass wir sterben. Darum heißt es auch: Lebe so, als ob jeder Tag dein erster ist und dein letzter sein kann!

Oder, bei den Pfadfindern heißt es: Allzeit bereit!

Sei dir dieser Unsicherheit bewusst, akzeptiere sie, indem du dich bemühst, nach den eben genannten Grundsätzen zu leben.

Ganz praktisch bedeutet dieses vierte hermetische Prinzip: Lerne immer beide Pole als gleichwertig anzuschauen! Der eine ist der Dünger des anderen. Einfach ausgedrückt: Alles hat immer zwei Seiten!

Bemühe dich also immer, wenn es auch noch so schwer zu sein scheint, herauszufinden, was denn die gute Seite sein kann, was du aus der jetzigen Situation lernen kannst.

Eines kann ich immer lernen, es auszuhalten, mich nicht zu ärgern, sondern das Negative zu sehen, es zu akzeptieren - und was soll ich daraus lernen?

Das Geheimnis dieser Welt ist: Transformation!

Siehe hierzu das Buch: Transformation - das Geheimnis dieser Welt (gleicher Autor)

Wie mache ich dies im Alltag?

Erst werde dir deiner selbst bewusst, indem du trainierst, immer neben dir zu stehen, dich selbst anzuschauen: learn to be the own watchmann - lerne dich zu beobachten.

Dazu musst du aber vor allem auch lernen, nicht so emotional zu sein, nicht zu reagieren. In dem Wort Emotion steckt ‚motion', also Bewegung.

Du solltest ja lernen, ruhig zu werden, nur das Nichts ruht! Also sollte dich nichts mehr in dieser Welt aus der Mitte bringen! Und wenn hundert Menschen zu dir sagen: Du bist ein Idiot. Bleibe dennoch in der Mitte!

Epiktet, ein alter griechischer Philosoph, sagte sinngemäß: *„Nicht die Ereignisse stören den Geist, sondern meine Beurteilung der Ereignisse!"*

Es gibt nur Tatsachen, was ich daraus mache, liegt nur an mir, ich kann demjenigen, der so etwas sagt, eine runter hauen oder ich kann antworten: „Vielen Dank für diese Tat oder Worte, ich denke mal darüber nach!"

Wenn wir das sechste hermetische Prinzip kennen gelernt haben, werden wir noch eine Hilfe erfahren, das sog. Negative zu verstehen und damit besser fertig zu werden.

Also schaue dir immer auch die Polarität an, bleibe niemals an einem Pol hängen! Dies sollte aber immer gelten, also ertrinke auch nicht in der Freude oder in schönen Tagen, bleibe immer in der Mitte, denn da ist Ruhe, Sicherheit und Ewigkeit!

Wenn es Leben hier auf der materiellen sichtbaren Ebene gibt, dann muss es nach dem vierten Hermetischen Prinzip auch ein unsichtbares Leben geben.

Wenn es hier in der sichtbaren materiellen Welt viele Wesen mit unterschiedlichem Bewusstsein gibt, wenn es hier böse und gute Menschen, Wesen gibt, dann muss es dies auch in der polaren unsichtbaren, nicht materiellen Welt geben.

Wenn dieses vierte hermetische Prinzip stimmt, dann müsste es zu allem, was es gibt, ein Gegenstück geben.

Wenn ich mich nach vorne bewege, müsste gleichzeitig eine Bewegung nach hinten stattfinden, und dies gilt dann für alle Richtungen.

Das hätte logisch aber zur Konsequenz, dass es gar keine Bewegung gibt, denn wenn ich die Bewegung in die eine und gleichzeitig in die Gegenrichtung vollziehe, bleibe ich stehen.

Und letztlich stimmt dies, denn in Wirklichkeit gibt es keine Zeit und keinen Raum, keine Polarität im Geiste dessen, der vollkommen ist.

Die Polarität der Polarität ist die Einheit, das göttliche Prinzip.

Dies gilt aber eben nur in der echten Wirklichkeit. Für uns normale Menschen gibt es Zeit und Raum und Polarität. Wir erleben dies und alles nacheinander und nebeneinander.

Stell dir vor, du gehst in ein Museum. Du warst noch nie dort. Also musst du nacheinander durch die verschiedenen Räume gehen, um sie kennen zu lernen.

Das Haus des Museums mit den Räumen ist aber immer schon seit dem Erbauen da, gleichzeitig alle Räume. Nur du bist der Wanderer in Zeit und Raum, du mit deinem polaren Bewusstsein, du musst nacheinander durch die Räume wandeln.

Das gleiche gilt für ein anderes Beispiel, nämlich wenn wir ein Buch lesen.

Es steht schon alles im Buch, es ist alles gleichzeitig vorhanden, nur du musst Buchstabe für Buchstabe, Seite für Seite lesen.

Im Museum gibt es Wärter, die jeweils einige oder viele Räume kennen, die dir sagen können, was dort zu sehen ist. Ob es aber stimmt, kannst du nur selbst herausfinden, wenn du nacheinander durch die Räume gehst.

Das Gleiche gilt für ein Buch. Wenn du es gelesen hast, kennst Du den gesamten Inhalt.

Heutzutage kennen wir sog. Indigo-Kinder, und es soll auch Erwachsene geben, die diese zum Teil unglaublichen Fähigkeiten haben. Es wird z.B. berichtet, dass auch Erwachsene ein Buch in die Hand nehmen oder es unter die Achsel klemmen und dann erzählen können, was in dem Buch geschrieben steht.

Dies ist typisch für das sog. Wassermannzeitalter, einem Zeitzyklus, der bereits begonnen hat.

Wir kennen in der Alchemie den großen Weltenzyklus, den wir auch ein Platonisches Jahr nennen. Es dauert 25920 irdische Jahre. Teilen wir nun diese Zahl durch zwölf, dann kommen wir zum Platonischen Weltenmonat, der 2160 irdische Jahre umfasst.

Wir sagen in der Alchemie, dass unser letzter Weltenmonat ungefähr mit der französischen Revolution 1789 begonnen hat. Damit leben wir also schon in den ersten Jahrhunderten dieses Zyklus.

Immer wenn eine neue Zeitqualität beginnt - und darum geht es ja - ist es natürlich für uns nicht ganz leicht. Viele Menschen werden sich erst einmal bewusst oder unbewusst dagegen stellen, denn es ist immer schwer, Altes loszulassen! Dieser Zyklus ist charakterisiert durch das Prinzip: Sprung aus der Entwicklung, aber auch durch Freiheit, Gleichheit und Brüderlichkeit.

Wir müssen und werden in diesem Zeitabschnitt diese Prinzipien lernen, nämlich z.B., die kleine Familie aufzulösen und verstehen zu lernen, dass wir alle eine große Familie sind!

Dazu ist genau das nötig, was wir oben schon besprochen haben. Versuche doch mal, Dich innigst aufzulösen, das Ego.

Wenn wir das schaffen, werden wir auch viel Hilfe bekommen, denn dem Prinzip der Zeitqualität Wassermann wird auch die Qualität des Gönnertums, des Mäzenatentums zugeschrieben.

Aber wie gesagt, es muss zum Wohle aller sein!

Zurück zu Zeit und Raum, zur Polarität. Diese materielle Welt ist nur Schein, nur Maja, das haben wir schon gelernt und in den meisten Weisheitslehren wurde uns dies schon mitgeteilt. Wir dürfen nun in dieser Welt diese Prinzipien lernen und üben, damit wir uns dann in der anderen, nicht materiellen Welt wohlfühlen. Dort werden wir erleben, dass man ein höheres, schneller schwingendes Bewusstsein braucht, um alles erfassen und vor allem aushalten zu können.

Darum ist es sehr wichtig, sein Bewusstsein zu erweitern und sich im Alltag so zu verbessern, dass der Eintritt in die andere Welt nicht Angst erweckend und furchtbar wird.

Die beste Übung ist: Alles akzeptieren, was geschehen ist und sich zum Wohle aller zu verhalten.

Denn in dieser anderen, höher und schneller schwingenden, eben nicht materiellen Welt wird alles viel schneller realisiert, was ich denke und spreche, da Zeit und Raum wesentlich ‚dünner' sind - um bei einem Bild zu bleiben.

Dort ist es ähnlich wie auf einer Ebene, die wir alle aus Erfahrung kennen, in der wir alle schon das Phänomen der Zeitverdichtung und Zeitdehnung kennen gelernt haben - im Traum. Da erleben wir, fühlen wir Dinge, die Minuten, Stunden oder Tage dauern. Nach irdischer Zeitmessung sind aber vielleicht nur wenigen Sekunden oder Minuten vergangen.

Und dies bringt uns nun zu einer wirklich guten, brauchbaren Definition der Zeit.

Wenn man im Internet oder im Lexikon nachschaut, was Zeit ist, wird man recht komplizierte Antworten und Definitionen bekommen, mit denen man im Alltag nicht viel anfangen kann.

Unser Bemühen ist auch in diesem Buch, wie in den Seminaren, die wir schon über fünfundzwanzig Jahre lang halten, möglichst die Dinge der Welt so zu erklären, dass es jeder verstehen und praktisch anwenden kann.

Unsere Definition aus der Alchemie, so wie wir sie von Frater Albertus (Prof. Dr. Albert Riedel) gelernt haben ist: Zeit ist die Dauer eines Bewusstseinszustandes.

Wenn etwas sehr langweilig ist, vergeht die Zeit für mich sehr langsam, ich schaue andauernd auf die Uhr und denke, geht die Zeit denn gar nicht weiter.

Ist ein Vortrag, ein Film für mich aber sehr spannend, merke ich gar nicht, wie schnell die Zeit vergeht: Was, schon zu Ende?

Letztlich hängt dann aber meine ganze Welt, so wie ich sie erfahre, nur von mir ab, von meinem Bewusstsein!

Damit erschaffe ich mir meine Welt stets und immer selbst! Wenn ich meine Welt also ändern möchte, brauche ich nur mein Bewusstsein zu verändern. Doch genau das möchten die meisten Menschen nicht, sich selbst ändern, lieber verändern sie die Umwelt.

Zeit und Raum sind auch abhängig voneinander, bedingen sich gegenseitig, sind Polaritäten. Es gibt für mich keine Zeit ohne Raum und keine Raumveränderung ohne Zeiterfahrung. Ich kann die Zeit nur im Raum erfahren und umgekehrt.

Je höher mein Bewusstsein, umso höhere Welten kann ich erfahren. Und dies ist so phantastisch, so wunderbar, dass man es kaum jemandem glaubhaft machen kann. Man wird als Spinner abgetan - so ging es mir seit meiner Jugendzeit, eben weil ich höhere Bewusstseinsebenen kennen lernen durfte, die ich meinen Mitmenschen nicht erzählen konnte, ohne als ‚Spinner' abgestempelt zu werden.

Aber man lernt dies auszuhalten, denn was ich erfahren habe, kann mir niemand mehr wegnehmen und dann ist es gleich, ob das jemand glaubt und akzeptiert. Also schweigt man. Das war letztlich der Grund, warum ich begann Seminare zu geben, um denjenigen, die bereit sind, eine Anstoß zu geben, es selbst herauszufinden, ob die Lehrinhalte stimmen.

Zurück zur Polarität.

Wenn es hier auf der Erde Wesen, Menschen gibt, müsste

es auch in der für den normalen Menschen nicht sichtbaren Welt Wesenheiten geben.

Sprechen wir nicht von guten und bösen Geistern? Von Schutzengeln und Dämonen?!

Wenn wir mit den sichtbaren Wesen kommunizieren können, sollten wir dies auch mit den unsichtbaren können, oder?

Wir können dies vergleichen mit dem, was auch die moderne Physik sagt, nämlich, dass es Antimaterie gibt, und dass wir in ständigem Austausch damit stehen, dass sich beide Welten im Grunde bedingen.

Wenn wir ein kurzes, begrenztes Leben erfahren, müsste es auch ein langes und unbegrenztes Leben geben, oder? Und dann könnte es doch auch so etwas geben wie Reinkarnation, d.h. die Möglichkeit, wiedergeboren zu werden. Dann kann ich auch viel leichter verstehen, warum es Leid gibt, denn alles, was ich denke, spreche und tue, muss ich verantworten, dafür trage ich ganz alleine die Konsequenzen.

Wenn ich heute etwas tue, was jemandem schadet, muss ich damit rechnen, dass ich morgen bestraft werde.

Wenn ich ein ganzes Leben lang hier auf der Erde etwas getan habe, was gegen das Leben ist, muss ich es absolut sicher im nächsten Leben ausbaden, die Konsequenzen tragen. Das ist ein Gesetz und wenn ich mich gegen Gesetze stelle, trage ich halt die Konsequenzen.

Auf der rein materiellen Ebene tun wir es oder spüren wir es auch. Wenn es kalt ist, ziehe ich mir, wenn ich vernünftig bin, etwas an, was mich warm hält. Ich muss es nicht tun, aber dann werde ich frieren.

So gilt dies auch auf der Bewusstseinsebene. Ich sollte lernen, was ich zu lernen habe.

Schiller, sinngemäß: *Stell dich freiwillig unter das Gesetz!*

Goethe, sinngemäß: *Das Gesetz wonach du angetreten, dir kannst du nicht entfliehen.*

Wie will ich ohne das Prinzip der Reinkarnation verstehen, warum jemand leiden muss und andere in Hülle und Fülle leben?

Dann wäre jedes Leid ungerecht. Das Universum arbeitet aber total gerecht, also gesetzmäßig. Es liegt nur an mir selbst! Ich bin der Herr meines Lebens, ich verursache alles selbst und habe alles selbst verursacht.

Doch das wollen die meisten Menschen einfach nicht akzeptieren, sie suchen die Schuld stets im Außen bei den anderen.

Es ist wichtig zu lernen, nichts und niemanden zu be- oder zu verurteilen, auch nicht mich selbst, sondern zu akzeptieren, was geschehen ist, also auch wenn ich Fehler gemacht habe.

Hierzu sagte uns Epiktet auch schon vor ca. zweitausend Jahren:
„Anderen an seinem Unglück die Schuld zu geben, ist ein Zeichen von Dummheit, sich selbst die Schuld zu geben, ist der erste Schritt zur Einsicht; weder anderen noch sich selbst die Schuld zu geben, ist ein Zeichen von Weisheit.“

Wie komme ich dahin?

Schauen wir uns die Leiter der Evolution, der Entwicklung an.

Ganz unten steht der Aberglaube. Und das läuft phylo- wie ontogenetisch gleich ab, d.h., diese Schritte durchläuft der einzelne Mensch ebenso wie die gesamte Menschheit.

Und auch heute kennen wir noch ein wenig davon, wenn eine schwarze Katze von rechts nach links vor mir über den Weg läuft, bedeutet dies für manche Menschen: Vorsicht, es kann ein Unglück kommen.

Unglück: Die Zahl 13 wird heute noch oft z.B. in Hotels als Zimmernummer ausgelassen, weil manche Menschen auf keinen Fall in dieses Zimmer möchten.

Übrigens, woher kommt es, dass die Zahl 13 eine Unglückszahl sein soll? Der dreizehnte Tag eines Monats gilt in westlicher Tradition als Unglückstag, besonders wenn er auf einen Freitag fällt, siehe Freitag der 13. Die Zahl 13 gilt als Verschwörungszahl auf dem 1-Dollar-Schein. Die Zahl 13 kommt auf dem Dollar-Schein 11 mal vor, versteckt in Bildern und Texten. Die USA haben 13 Gründerstaaten. Im Tarot ist die 13 dem Tod (La Mort) zugeordnet. Der „Dreizehnte" ist ein Synonym für den Teufel.

Die Zahl 13 wird als Bäcker- oder Fleischerdutzend (engl. Baker's Dozen od. Butcher's Dozen) bezeichnet. Hierbei ist sie keine Unglückszahl, sondern bezeichnet Bäcker oder Fleischer, die dem Kunden statt der verlangten 12 Stücke 13 einpackten, um sich beim Verzählen nicht strafbar zu machen. Bäcker- und Fleischerdutzend sind nur regional bekannt.

Im Märchen Dornröschen spricht die 13. weise Frau des Landes, die nicht zur Geburtstagsfeier von Dornröschen eingeladen ist, einen Fluch auf die junge Prinzessin aus. Hier ist die 13. die überzählige von üblichen 12 guten Feen.

Der Ausruf: *Jetzt schlägt's dreizehn!* kennzeichnet salopp einen Einspruch oder Protest.

Vor allem aber: bei den Christen hatte Jesus zwölf Apostel, zwölf Jünger. Beim letzten Abendmahl saß er als dreizehnter mit am Tisch, aber er war es auch, der dann 'verschwand', gekreuzigt wurde.

Der Dreizehnte verschwindet.

Dies gilt z.B. auch in der Mathematik, bzw. der Geometrie. Man kann 13 gleich große Kugeln in eine größere Kugel hineintun - dann verschwindet die Kugel in der Mitte und ist von außen nicht zu sehen. Das passt zu der christlichen Mystik: Der Dreizehnte verschwindet, es waren zwölf Apostel und Christus als der dreizehnte ‚verschwindet'.

Heißt verschwinden aber unbedingt sterben?

Alles hat aber auch immer noch eine höhere Bedeutung.

Also ganz unten steht der Aberglaube.

Dann kam die christliche Welt und sagte denen, die noch überall Götter und Wesen vermuteten: nein es gibt nur einen Gott, unseren Gott. Ihr müsst uns glauben.

Danach kam aber die moderne Aufklärung, die moderne Wissenschaft. Sie sagte den Menschen, glauben heißt nicht wissen. Wir zeigen euch, was Wirklichkeit ist, nämlich nur das, was man messen kann.
Alles messen, was messbar ist, und was nicht messbar ist, messbar machen (Descartes).

Und so meint die moderne Wissenschaft, sie hätte den alleinigen Anspruch auf Wahrheit und Wirklichkeit.

Den hat sie aber nun wirklich nicht, denn sie kennt und beschäftigt sich ja nur mit einem kleinen Teil der Wirklichkeit. Den anderen nicht messbaren Teil verleugnet sie im Grunde, d.h. aber, sie verleugnet den Menschen, der nämlich noch eine Seele hat, und Seele ist nach unserer hermetischen Definition gleichbedeutend mit Bewusstsein und Information.

Es gibt also: Aberglaube, Glaube und Wissen.

Wissen, wie es die Wissenschaft versteht, heißt: ich weiß, wie etwas funktioniert - und da hat sie wirklich schon Großes und viel geleistet.

Auf der nächsten Stufe der Evolution steht das Verstehen. Ich sollte verstehen, nicht nur wie etwas funktioniert, sondern auch warum es so ist, wie es ist!

Warum bin ich dieser Mensch, geboren bei diesen Eltern, in diesem Land. Warum bin ich krank oder warum habe ich ausgerechnet diese Frau, diesen Mann getroffen, den ich dann später geheiratet habe? Warum existiert überhaupt diese Welt, warum bin ich hier?

Auf der obersten Stufe steht dann die Weisheit als ‚verständnisvoll angewandtes Wissen‘.

Wenn ich also alles, was ich verstehe, auch noch zum Wohle aller anwenden kann, dann bin ich weise.

Ist das möglich, kann ich das hier auf der Erde erreichen?

In den Evangelien steht: *Werdet vollkommen wie der Vater im Himmel!*

Also ist es möglich, aber ich muss es glauben und dann vor allem wollen und tun!

Aberglaube › Glaube › Wissen › Verständnis › Weisheit

Einer der besten Wege, um dorthin zu kommen ist das Studium und dann die verständnisvolle Anwendung der Astrologie, der Kabbalah und Alchemie.

Wenn man täglich über dreißig Jahre bei nahezu jedem Patienten die Astrologie angewandt hat, dann kann man davon ausgehen, dass man herausfinden kann, ob diese Lehre stimmt.

Wenn ich etwas aber nie studiert und angewandt habe, sollte ich besser den Mund halten bevor ich es ablehne!
Die Astrologie ist für mich die Königswissenschaft, eine wirkliche Wissenschaft. Ich benutze sie als Lehre von den Urprinzipien, als Anzeiger der Zeitqualität.
So wie mir die Uhr die Quantität der Zeit anzeigt, kann ich mit Hilfe dieser Weisheitslehre der Astrologie die Po-

larität der Quantität, also die Qualität der Zeit ablesen. Sie ist ein Ableseinstrument ebenso wie die Uhr.

Schon Caesar hat solche Ableseinstrumente der Zeit genutzt, und nahezu alle Königshäuser der Welt hatten sich Hofastrologen gehalten, um sich die Zeitqualität für bestimmte Unternehmungen sagen zu lassen.

Was ist denn eines der größten Hindernisse auf diesem Weg zum Verständnis?

Natürlich das Ego und dabei besonders die Emotionen.

Wir sagten, dass es sehr wichtig ist, die Emotionen zu bändigen, denn diese sind es, die uns oft ins Unglück treiben. Wir lassen uns von Emotionen zu Aussagen oder Taten verleiten, die wir dann hinterher bereuen: Die Triebe haben mich total beherrscht, es kam so über mich, ich konnte mich nicht mehr bremsen.

Wer kennt das nicht aus seiner eigenen Erfahrung?

Und immer, wenn ich mich selbst nicht mehr beherrsche, wenn ich also selbst nicht Meister über mich selbst bin, werde ich fremd gesteuert, fremd bestimmt. Ich bin letztlich besessen, besetzt von einer anderen Energie.

Somit sind im Grunde nahezu alle Menschen mehr oder weniger besessen. Wir benutzen diesen Ausdruck ja sogar im Alltag: Er war wie besessen, besessen von Autos, Motorrädern, von Ruhm, vom Geld, vom Ansehen in der Gesellschaft oder von einer Idee.

Das berühmte ‘gnoti seauton‘- erkenne dich selbst, bedeutet aber auch, du sollst lernen, dich zu beherrschen, Meister zu sein über dich selbst.

Nun, je reiner und feiner ich bin, umso weniger kann ich von fremden Energien besetzt werden.

Der Weg dahin heißt also wie wir schon aus der Alchemie gelernt haben: Trennen, reinigen und wiedervereinigen und dies auf den drei Ebenen von Körper, Seele und Geist.

Dazu folgendes Beispiel:

Nehmen wir an, das ganze Wissen und Verständnis dieser Welt ist in einem Kreis, einer Kugel vorhanden:

Dieser Kreis symbolisiert alles Wissen.

Je mehr ich an oder auf der Peripherie des Kreises lebe, um so mehr muss ich rennen und tun in Zeit und Raum, um einmal ganz herum zu laufen, damit ich alles Wissen erkenne, sehe, lerne.

Je mehr ich mich dem Mittelpunkt nähere, um so weniger muss ich tun in Zeit und Raum; wenn ich dann ganz in der Mitte bin, brauche ich mich nur noch auf meiner Ferse herum zu drehen und kann ganz leicht alles sehen und erkennen.

Es lohnt sich, in der Mitte zu sein, immer und überall. Es lohnt sich alles zu tun, damit ich immer in der Mitte bleibe, damit mich niemand und nichts aus meiner Mitte bringt. Wie komme ich dahin? Separatio, Purificatio, Cohabatio: Trennen, Reinigen und Wiedervereinigen.

Oder ganz praktisch: Vollziehe die Übungen, die wir am Ende des Buches vorstellen, wenn wir die sieben Hermetischen Prinzipien alle besprochen haben.

5. Hermetisches Prinzip
(scheint im ersten Moment dem vierten Prinzip der Polarität zu ähneln)

„Alles fließt aus und ein, alles hat seine Gezeiten, alle Dinge steigen und fallen, das Schwingen des Pendels zeigt sich in allem; das Maß des Schwunges nach rechts ist das Maß des Schwunges nach links; Rhythmus kompensiert."

Wir alle wissen, wie stark uns Rhythmen beeinflussen oder mitreißen können. Das gesamte Gebiet des Tanzens hängt ja damit zusammen und kann hunderte oder tausende Menschen in Wallung bringen.

Wer einmal in einer Gruppe, wie z.B. bei den Soldaten, marschiert ist, wer einmal in einer Gruppe getanzt hat, kennt das Gefühl, das einen stärkt, mitzieht und vorantreibt, wenn das Marschieren oder Tanzen rhythmisch abläuft.

Sind es nicht auch die Rhythmen des Lebens, des Alltags, die uns kompensatorisch im Gleichgewicht halten?

Tag und Nacht, Spannung und Entspannung, Arbeit und Freizeit, die Woche und das Wochenende, aber auch der Monatsrhythmus, der Jahresrhythmus, die Jahreszeiten und die Sieben-Jahres-Zyklen, die zumindest früher galten: Mit sieben Jahren kam man in die Schule, mit 14 begann ein neuer Zyklus, die Pubertät, mit 21 Jahren wurde man volljährig, usw.

Inzwischen haben sich einige Rhythmen geändert, das Erwachsenenalter wurde auf 18 herunter gesetzt, ja der eine oder andere möchte es sogar auf 16 Jahre herabsetzen.

Das ist aber gegen die kosmische Gesetzmäßigkeit. Man kann es machen, trägt aber die Konsequenzen.

Erwachsen sein hat etwas mit Erwachen zu tun. Ich sehe langsam die Welt, wie sie ist und nicht gefärbt durch meine Anschauungen und vor allem meiner Emotionen.

Wenn man aber heute sieht, wie ein großer Teil der Jugend sich überwiegend mit Kriegsspielen auf dem PC und /oder auf der Straße beschäftigt, sich betrinkt bis zum Tod (Komasaufen), stellt man eindeutig fest, dass sie keine Ideale und keinen Respekt mehr kennen.

Aber wer stellt die Kriegsspiele her, wer den Alkohol?
Es sind die Erwachsenen, um damit Geld zu verdienen. Die Jugendlichen, ja heute sogar schon die Kinder und Babys sind ein reiner Wirtschaftsfaktor geworden, mit denen man hohe Gewinne einspielen kann.

Das ist traurig, aber wahr.

Rhythmen sind regelmäßig wiederkehrende Zustände. Die meisten Menschen kennen den sog. Biorhythmus, bei dem man die drei Ebenen von KSG (Körper, Seele, Geist) unterscheidet mit je 23, 28 bzw. 33 Tagen.

Und tatsächlich, wenn man metagnostisch, also im Nachhinein nachschaut, kann man finden, dass bei wichtigen oder großen Ereignissen in unserem Leben diese Rhythmen ein Rolle spielen.

Somit wäre es sicher sinnvoll, auch prognostisch bei wichtigen Ereignissen den Biorhythmus zu Rate zu ziehen.

Eine wichtige Rolle in der Steuerung des Tag-Nacht-Rhythmus des Menschen spielt das Hormon Melatonin. Es wird von der Zirbeldrüse (Epiphyse) des Gehirns gebildet. Die Zirbeldrüse steigert die Produktion von Melatonin, sobald es dunkel wird, da es eine Nervenverbindung zwischen dem Sehnerv des Auges und der Zirbeldrüse gibt und sie so auf Helligkeitsänderungen reagieren kann.

Melatonin senkt die Aktivität, es bremst und macht müde. So können Depressionen gerade in den Wintermonaten entstehen (siehe hierzu: Winterdepression).

Auch Serotonin, das durch Ekstasy künstlich ausgeschüttet werden kann, hat einen Einfluss auf den Tag-Nacht-Rhythmus.

Aber alle Drüsen werden stark von unseren Emotionen bestimmt und geregelt. Und wir kennen andererseits den Einfluss der Hormone z.B. bei der Periode der Frau. Manche Damen sind während dieser Zeit recht gereizt, missgestimmt oder sie haben auf einmal einen ‘Putzfimmel‘.

Ein weiteres Beispiel für Rhythmus ist die sog. Chinesische Organuhr, die aufzeigt, wann welche Meridiane oder Energiekreisläufe ihre Hauptaktivitätszeiten haben und wann nicht.

Organzeit von Herz:	11°-13° Maximalzeit	23°-1° Minimalzeit
Organzeit von Dünndarm:	13°-15° Maximalzeit	1°-3° Minimalzeit
Organzeit der Blase:	15°-17° Maximalzeit	3°-5° Minimalzeit
Organzeit der Niere:	17°-19° Maximalzeit	5°-7° Minimalzeit
Organzeit der Gallenblase:	23°-01° Maximalzeit	11°-13° Minimalzeit
Organzeit der Leber:	01°-03° Maximalzeit	13°-15° Minimalzeit
Organzeit der Lunge:	3°-5° Maximalzeit	15°-17° Minimalzeit
Organzeit des Dickdarms:	5°-7° Maximalzeit	17°-19° Minimalzeit
Organzeit des Magens:	7°-9° Maximalzeit	19°-21° Minimalzeit
Organzeit von Milz/Pankreas:	9°-11° Maximalzeit	21°-23°Minimalzeit
Organzeit für dreifachen Erwärmer:	21°-23° Maximalzeit	9°-11° Minimalzeit

Wenn bestimmte Beschwerden immer wieder zur gleichen Tages- oder Nachtzeit auftreten, ist der Blick auf die Organuhr sinnvoll, um zu sehen, welches Organ zu diesem Zeitpunkt stark oder schwach besetzt ist.

Wenn also z.B. nachts zwischen 1-3 Uhr immer wieder starke Bauchschmerzen auftreten, kann man leicht ablesen, dass da wohl das Leber Gallesystem Probleme macht.

Man empfiehlt deshalb, abends spät wenig zu essen und zu den Maximalzeiten die entsprechenden biologischen Medikamente einzunehmen. Morgens früh nimmt man deshalb auch Kapseln für die Darmflora ein. Auf die Darmflora legen wir einen besonderen Wert, denn der Mensch hat 10 hoch 14 Bakterien im Darm, aber ‚nur' 10 hoch 13 Zellen in seinem Körper.

Dabei muss sich der Schöpfer doch etwas gedacht haben!

Schon vor vielen Jahren hat man über mich gelacht oder mich sogar als Scharlatan abgestempelt, weil ich nahezu bei jedem Patienten großen Wert auf die Darmflora legte und eine Darmtherapie als Basistherapie empfahl und natürlich auch heute noch empfehle.

Als ich z.B. den Eltern für ihr kleines Kind eine Darmtherapie empfahl und sie es bei der nächsten Untersuchung einem Professor in Wiesbaden erzählten, rief er mich an und sagte, er müsse mich bei der Ärztekammer anzeigen, da ich einem Kind Bakterien gebe und das sei ja wohl sehr schädlich und lebensgefährlich. Ich könne es damit umbringen. Ich fragte nur ganz ruhig, ob er denn schon etwas von der symbiotischen Darmflora gehört habe. Er beendete daraufhin das Telefonat und ich hörte nie wieder etwas von ihm.

Dreißig Jahre Darmflora-Basis-Therapie mit den besten Erfolgen bei den meisten Erkrankungen beweisen doch eigentlich, dass sie sehr hilfreich ist.

Heute finden wir in jedem Joghurt und vielen anderen Nahrungsergänzungsmitteln Darmflorabakterien. Gut so. Überhaupt sieht man jetzt selbst in Wochenmagazinen und Tageszeitungen große und ausführliche Berichte über die Darmflora.

Nahezu achtzig Prozent des Immunsystems wird mithilfe des sog. darmepithelassoziierten Immunsystems reguliert. Aufgrund der sehr großen Oberfläche hat die Darmschleimhaut eine besondere Bedeutung für das Immunsystem.

Die Darmschleimhaut ist sehr stark gefaltet und (im Dünndarm) mit zehn Millionen fingerförmigen Zotten versehen. Auf diese Weise wächst die Fläche schon einmal um das 30-Fache. Zusätzlich hat die gesamte Innenwand noch sogenannte Enterozyten, Zellen, die nur wenige Hundertstel Millimeter groß sind. Diese schaffen noch einmal eine gewaltige Oberflächenvergrößerung. Im Ergebnis können wir sagen, dass der Darm eine Oberfläche von 300 bis 500 Quadratmetern hat. Damit ist der Darm mit Abstand unsere größte Kontaktfläche zur Außenwelt.

Kennen wir nicht alle das alte Volkssprichwort: **Der Tod sitz im Darm.**

Und es ist wunderbar zu sehen, dass heute besonders

im Bereich der Laienmedizin so viel Wert auf eine basische Ernährung gelegt wird. Dieses uralte Wissen hat die Schulmedizin noch vor wenigen Jahren total missachtet. Es waren immer schon die Naturheilkunde und die Laienbewegung, die diese Ratschläge für eine gesunde Ernährung gaben.

Ein weiteres sehr effektives und kostengünstiges Mittel ist der **Darm-Einlauf.**

Auch hier hat die Schulmedizin nur müde gelächelt oder manche dieser Mediziner lehnen dies heute noch als unwirksam oder sogar schädlich ab. Sie reden über Dinge, die sie nicht kennen, denn mit höchster Wahrscheinlichkeit haben sie selbst noch nie einen Darmeinlauf bei sich selbst vorgenommen.

Vor vielen Jahren hatte ich in den USA schon die Colon-Hydro-Therapie kennengelernt und sie dann bald auch bei uns in der Praxis eingeführt. Eine wunderbare Therapie, die bei sehr vielen Erkrankungen gut mithilft, dass Heilung geschehen kann. Und es wird dabei stets die Darmflora wieder gut aufgebaut.

„*Eure Nahrung soll euer Heilmittel sein*“ sagte ja schon Hippokrates (460 bis 370 v. Chr.), der als berühmtester Arzt des Altertums galt.

Also, ernähre dich vernünftig, nimm Lebensmittel und

keine Mittel, die eher den Tod herbeiführen, naturbelassen und nicht zu sehr zerkocht, z.T. vollwertig, ein wenig Rohkost, möglichst viel Grünes - heute sind grüne Smoothies in oder auch Gerstengras oder Gerstengraspulver. Auf jeden Fall sind in diesen Naturstoffen nicht nur viele Mineralien, Spurenelemente und Vitamine enthalten, sondern eben auch Chlorophyll sowie die sog. sekundären Pflanzen-stoffe, Flavonoide, Anthrocyane und Phytosterole.

Es ist schon traurig zu sehen, wie die moderne Pharmaindustrie den Menschen nur um des Profites willen eher schadet als hilft.

Aber die Dinge ändern sich. Die Menschen stehen auf und lassen sich nicht mehr alles gefallen, Bio ist in.

Doch die andere Seite versucht um so mehr z.B. mit gentechnisch hergestelltem Soja selbst den Biomarkt zu unterwandern, Biobauern werden hinterlistig mit Prozessen überhäuft u.a.m..

Das Wassermannzeitalter bedeutet aber auch, dass alle alten Strukturen fallen werden: In den Kirchen, wir erleben es ja schon, in der Wissenschaft, der Wirtschaft, der Kunst und Politik.

Rhythmen haben im Grunde auch etwas mit Ritualen zu tun.

Ein Ritual wird meist durch Gesten oder Wortformeln begleitet, hat einen hohen Symbolgehalt und wird häufig rhythmisch wiederholt.

Rituelle Handlungsweisen werden oft durch gesellschaftliche Gepflogenheiten, Konventionen und Regeln bestimmt und vollzogen.

Aber im Grunde durchlaufen wir alle täglich bestimmte Rituale, die schon in Fleisch und Blut übergegangen sind. Wir stehen zur gleichen Zeit auf, gehen ins Bad, ziehen uns an, pflegen ein wenig Meditation (hoffentlich), lesen vielleicht die Tageszeitung, gehen zur Arbeit, gehen einkaufen, machen etwas Sport oder huldigen einem anderen Hobby, speisen, schauen fern, lesen und gehen ins Bett.

So hat ein jeder so seine Rituale.

Rituale geben uns eine gewisse Sicherheit durch Gewohnheit, sie können durchaus helfen, unser Leben dadurch zu stabilisieren, da sie rhythmisch ablaufen wie das Jahr mit Frühling, Sommer, Herbst und Winter.

Rhythmus kompensiert, nur heißer Sommer oder nur kalter Winter ist uns nicht so angenehm wie der Wechsel durch Rhythmus.

Bei der alchimistischen Laborarbeit ist der Rhythmus auch sehr wichtig, viele Arbeiten laufen einfach nur erfolgreich ab, wenn sie rhythmisiert werden.

Diese Arbeit ist ja symbolisch gesehen im Grunde nur eine Verkleinerung der Lebensarbeit, ein Fraktal, es läuft das gleiche Prinzip auf einer anderen maßstäblichen Ebene ab. So läuft auch die Reinkarnation in ganz bestimmten Rhythmen ab.

6. Hermetisches Prinzip:

Das Prinzip von Ursache und Wirkung

„Jede Ursache hat ihre Wirkung; jede Wirkung ihre Ursache; alles geschieht gesetzmäßig; Zufall ist nur der Name für ein unbekanntes Gesetz. Es gibt viele Ebenen der Ursächlichkeit, aber nichts entgeht dem Gesetz!“

Dieses Prinzip kann für viele, im Grunde für alle Menschen sehr unangenehm werden, wenn sie diese kosmischen Gesetze nicht akzeptieren wollen.

Es ist so einfach zu verstehen, aber sehr unangenehm in der Konsequenz für denjenigen, der die Ursache für sein Schicksal im Außen sucht und nicht bei sich selbst.

Und das ist auch einer der Gründe, warum viele Menschen, vor allem intellektuelle einfach sagen: Es gibt aber den Zufall.

‚*Vom Zufall spricht man dann, wenn für ein einzelnes Ereignis oder das Zusammentreffen von mehreren Ereignissen keine kausale Erklärung gegeben werden kann*‘ (Wikipedia).

Die Skeptiker sagen also, es geschieht nicht kausal, maximal synchron, also zur selben Zeit, aber nicht ursächlich, es gibt den Zufall.

Haben wir aber nicht alle schon Situationen erlebt, in denen wir ganz klar fühlten: Das kann kein Zufall gewesen sein?

Mit dem Kennenlernen und der Akzeptanz des Gesetzes von Ursache und Wirkung wird das Leben im Grunde einfacher, da man später alles besser verstehen und auch akzeptieren kann.

Wie kann ich mit der Erklärung ‚Zufall' zufrieden sein? Ist es Zufall, dass es so viele arme und kranke Menschen gibt, dass es so viele superreiche und gesunde Menschen gibt?

Was sagt denn die christliche Kirche dazu? Es ist Gottes weiser Ratschluß, den wir nicht verstehen?

Das konnte ich schon als Kind nicht akzeptieren und da ich gewisse Erlebnisse hatte, die weit über das normale menschliche Leben hinausgingen, wusste ich aus dieser Erfahrung, dass die sogenannten Erwachsenen vielfach nichts wissen, sie haben gewisse Theorien, die aber durch nichts bewiesen sind.

Und bis heute können wir leicht feststellen, dass die Wissenschaft nichts vom Sinn des Ganzen weiß.

Zufall? Ist ein menschlicher Körper mit den Billionen von Zellen zufällig entstanden und vor allem arbeiten diese Zellen ständig zufällig miteinander, gegeneinander? Woher weiß denn die Leberzelle, was sie jetzt gerade tun soll und was nicht?

Rein von der Wahrscheinlichkeitslehre her gesehen, also wissenschaftlich, kann ein solcher Organismus wie unser Körper nicht zufällig in der relativ kurzen Zeit der Menschheitsentstehung entstanden sein. Das ist unmöglich.

Und die Sonnensysteme und Galaxien wie sollen sie denn von ganz alleine entstanden sein? Urknall - was war denn vor dem Urknall? Welche Kraft hat denn dann dies alles entstehen lassen?

Selbst Einstein und viele andere große wissenschaftliche Geister gaben zu: es muss so etwas geben wie einen Schöpfer - Gott.

Glaube was du willst, aber für die folgenden Gedanken nimm halt einfach mal an, rein logisch: es gibt keinen Zufall, alles läuft total gesetzmäßig ab, nur wir kennen diese Gesetze noch nicht alle.

Da es im zweiten Hermetischen Prinzip heißt: wie oben so unten, gibt es auf keiner einzigen Ebene Zufall, nirgendwo! Dies hat die unangenehme Konsequenz, dass ich niemanden mehr schuldig sprechen kann. Es hat die angenehme Konsequenz, dass ich mich über niemanden mehr aufzuregen brauche.

Also, es gibt keinen Zufall, sondern alles, positiv wie negativ, fällt mir gesetzmäßig zu.

Warum das so ist, kann ich oft noch nicht erkennen, aber es ist so.

Wenn es keinen Zufall gibt, laufe ich nicht zufällig über die Straße, schaue nicht nach links oder rechts, weil ich in Gedanken versunken bin, und ein Auto fährt mich an. Oder ein Fahrradfahrer fährt mich auf dem Gehweg an, weil er mich nicht gesehen hat oder nicht bremsen wollte. Oder ich sitze ganz ruhig, in Gedanken versunken in einer Kneipe und trinke ein Bier oder Wasser. Plötzlich trifft ein Bierkrug meinen Kopf, der vom Nachbartisch angeflogen kommt, wo sich zwei streiten.

Normal wäre es: Ich schnelle hoch und beschwere mich bei den beiden bzw. ich schreie den Fahrrad- oder Autofahrer an!

Wenn es keinen Zugfall gibt, kann ich es nicht mehr tun! Dieser Mensch ist in diesem Moment nichts anderes als ein Werkzeug des Schicksals, der mich sozusagen anfahren sollte, ja musste.

Er ist ein Werkzeug, das seine Aufgabe optimal erfüllt hat, was nicht heißt, dass er für diese Tat nicht auch die Konsequenz tragen muss.

Auch hier erkennt man die Polarität: Er hat eine Aufgabe zu erfüllen, er ist Werkzeug, gleichzeitig aber muss er dafür bezahlen.

Viele Menschen mögen dieses Prinzip gar nicht, da sie dadurch immer wieder nur auf sich selbst zurück geworfen werden, sie sind die Ursache von allem, was ihnen geschieht. Das gilt für uns alle. Und das ist anfangs nicht ganz leicht zu akzeptieren.

Kann man damit alles rechtfertigen, was geschehen ist?

Nein, denn es geht nicht um Rechtfertigung, es geht nur darum, die Verantwortung für sich selbst zu übernehmen.

Noch weitergehend ist folgendes Zitat:
„*Wer sich nie schuldig gemacht hat, wird nie die Scham empfinden, die ihn dazu bringt, zukünftig Gutes zu tun. Durch eigenes Leid stärken wir unser Mitgefühl. Aus Jesaja 53 lernen wir, dass Menschen auch Leiden auf sich nehmen können, um die karmischen Lasten anderer mitzutragen.*“

Diejenigen, die gelitten haben, werden andere, bessere Leben haben, und die Verbrecher können zum Guten umkehren - wenn nicht in diesem Leben, dann in einem anderen.

Dem reuigen Sünder wird verziehen werden, wobei die Art des Ausgleichs für seine Taten im Himmel bestimmt wird. Dieses Ausgleichssystem entspricht dem, was man in der indischen Tradition ‚Karma' nennt. Karma ist kein ‚Straf-Gesetz', sondern ein Weg des Lernens, so wie auch die jüdische Religion als solche nicht als Gesetz, sondern als Weg (Halacha) und als Lehre (Thora) verstanden wird.

Der Mensch muss über viele Inkarnationen hinweg lernen, das Gute selber zu wollen. Im Paradies war er auch gut, aber er wollte das Gute nicht. Er war unbewusst gut.

„Alles hat einen Sinn: das Schuldigwerden wie das Leid. Wer das nicht glaubt, muss sich fragen, ob er nicht an Gott zweifelt, denn dieser hat beide Möglichkeiten geschaffen. Und welcher gläubige Mensch will behaupten, dass Gott Sinnloses schafft? Wenn wir genug Liebe und Mitgefühl gelernt haben, werden wir der Auferstehung würdig sein. Reinkarnation und Karma sind Ausdruck der göttlichen Gnade. Was die «Aktion Kinder des Holocaust» verkündet, ist eine Botschaft der Trostlosigkeit. Die jüdische Religion dagegen lehrt uns, dass es eine göttliche Gnade, ein Verzeihen und eine Auferstehung von den Toten gibt. Sie ist eine Botschaft der Hoffnung und der Freude.“
(David Schweizer, Präsident der Zionistischen Vereinigung Basel).

Aber diesen Mut sollten wir alle haben, und wir alle sollten für unser eigenes Leben die volle Verantwortung übernehmen, ohne jemandem je die Schuld zuzuweisen. Siehe das Zitat von Epiktet, das wir weiter oben gelesen haben.

Wenn alle Menschen jemals in ihrem Bewusstsein so weit kommen, dass sie dies tun, ohne jede Wertung, nur in der Anerkennung der menschlichen Schwächen und der kosmischen Gesetze, dann werden wir Frieden haben in der Welt.

Heißt es nicht sinngemäß: Ich kann nicht Frieden machen in der ganzen Welt, aber ich kann Frieden schließen mit mir und dann diesen Frieden weitergeben in meinem kleinen Kreis der Freunde und Bekannten.

Und wenn wir dies alle tun - dann wird es schön in der Welt.

Heute, wo selbst die Physik immer mehr davon spricht, dass wir im Grunde in einem Hologramm leben, dass alles eins ist und dass jeder energetisch mit jedem verbunden ist, sollten wir doch langsam alle dahin kommen, dies anzuerkennen und uns danach zu richten.

Und da wir wissen, dass wir alle noch nicht ganz vollkommen sind, dass wir alle Fehler machen - möglichst natürlich nicht absichtlich - sollten wir halt auch lernen zu verzeihen!

Egal, was mir geschieht, es hat immer etwas mit mir zu tun, auch wenn ich nur daraus lerne, mich nicht mehr aufzuregen, zu verzeihen oder eben mich selbst besser kennen zu lernen.

Leben heißt lernen oder leben heißt geben - to live means to give!

Wir sind aber meist auf dem Trip, dass wir nur haben möchten oder bekommen wollen.

Selbst, wenn ich materiell nur ganz wenig oder fast gar nichts habe, kann ich doch von meinem Bewusstsein geben: Aufmerksamkeit, Freude, Lob, Anerkennung oder gar Liebe!

Viele Menschen sprechen oft von Liebe, und wenn man sie fragt, was den eigentlich Liebe sei, fehlt ihnen die Antwort.

Wenn jemand sagt, ‚Ich liebe Dich', laufe lieber schnell weg. Denn was meinen die meisten Menschen damit, wann sprechen sie davon, dass sie jemanden lieben?

Wenn 'alles stimmt', sagt man so schön. Was lieben denn die Menschen? Den Körper, das Aussehen, den Sex, die Bildung, den Charakter, die soziale Stellung und das Geld. Wenn dies alles 'paßt' sagen sie: Ich liebe dich.

Lieben heißt eigentlich:

- alles verstehen
- alles verzeihen
- keine Forderungen stellen

- nichts erwarten
- keine Unterschiede machen zwischen allen Menschen
- und nur geben!

Nun prüfe Dich selbst!

Zufall ist also das, was mir per Gesetz zufällt, was mir geschehen musste.

Das hat viele Konsequenzen, besonders auch im Bereich der Medizin.

Denn dann verlaufen auch meine Handlinien nicht zufällig so, wie sie in meiner Hand zu finden sind. Dann ist mein ganzer Körper nicht zufällig so gebaut mit all den Formen und Farben, dann habe ich nicht zufällig eine bestimmte Konstitution, die ich auch in der Iris ablesen kann, denn auch die Formen, Linien und Farben der Iris verlaufen dann nicht zufällig so wie sie sind.

Dann ist auch die Irisdiagnostik kein Unsinn oder Scharlatanerie.

Vor vielen Jahren ließ einmal eine Rechtsmedizinerin, eine Frau Professor, in einer Doktorarbeit schreiben, dass es da in Frankfurt einen Kollegen - sie nannte einen Namen - gebe, der sogar die Irisdiagnostik durchführe. Das sei verwerflich und man sollte solche Kollegen anzeigen. Vorher hatte sie den Studenten, den Doktoranden, in eben diese Praxis geschickt unter dem Vorwand, die Verfahren der Naturheilkunde kennen lernen zu wollen.

Ebenso schrieb ein Internist aus Frankfurt vor wenigen Jahren im Internet, dass die gesamte Naturheilkunde Unsinn sei.

Nachdem er viele Kollegen aus der Naturheilkunde sehr angefeindet und angegiftet hatte, bekam er selbst Probleme.

Und sicherlich schadet die Schulmedizin mit ihren chemischen Keulen mehr als die Naturheilkunde.

Der Autor dieses Büchleins wurde auch nach gut zehn Jahren Lehrtätigkeit für Allgemeinmedizin an der Universität Frankfurt wegen Scharlatanerie aus der Universität hinausgeworfen.

Wenige Jahre später wurde Naturheilkunde sogar Prüfungsfach im medizinischen Staatsexamen, wenngleich dort bis heute nur die alt-klassischen Verfahren anerkannt sind.

Erst wird man als Außenseiter bestraft, verspottet und ausgelacht und später sagen dann diejenigen, die die Wissenschaftsmacht haben: Das haben wir doch schon immer gesagt!

Der Physiker Max Planck schrieb schon vor vielen Jahren : *„Eine neue wissenschaftliche Wahrheit pflegt sich nicht in der Weise durchzusetzen, dass ihre Gegner überzeugt werden und sich als belehrt erklären, sondern vielmehr dadurch, dass die Gegner allmählich aussterben und dass die heranwachsende Generation von vornherein mit der Wahrheit vertraut gemacht ist!"*

Also haben wir ein wenig Geduld!

Geduld und Ausdauer sind die wichtigsten Tugenden, lehrte mich Frater Albertus!

Es gibt keinen Zufall! Aber wenn ich dies von vorneherein nicht für möglich halte, werde ich mich gar nicht erst damit beschäftigen, was es denn bedeuten könnte. Und das gilt auf allen Ebenen.

Wir haben es auch schon bei der Astrologie besprochen. Es ist nur schade, dass all dieses Wissen nicht von allen Menschen anerkannt, gelehrt und gelernt wird. Man kann damit vielen Menschen besser helfen, als wenn man nur die offizielle Schulweisheit gelten lässt!

Es gibt viele Dinge zwischen Himmel und Erde, die...!

Da es aber keinen Zufall gibt, müssen wir erst einmal mit der derzeitigen Situation leben.

Selbst wenn ich diese uralten Hermetischen Gesetze nicht anerkenne, sollte ich doch so tolerant sein, andere Menschen mit anderer Meinung gelten zu lassen, wenn sie niemandem schaden.

Aber gerne wirft man ja auch den Außenseitern der Naturheilverfahren vor, sie wollten nur damit Geld scheffeln. Und was will die Schulmedizin mit den so unvorstellbar hohen Kosten eines Computertomogramms, eines MRTs usw?

Was ist denn teurer, die Schulmedizin oder die Naturheilverfahren?

Unsere Devise ist sogar: der Patient soll möglichst viel oder gar alles alleine machen. Wir geben nur eine Hilfestellung.

Da wo Kranksein entsteht, liegt auch die Heilung.

Denken wir an Sokrates: „*Wenn jemand Gesundheit sucht, frage zuerst, ob er bereit sei, die Ursachen der Krankheit zu meiden. Erst dann darfst Du ihm helfen.*“

Übrigens, die meisten Menschen sprechen von Krankheiten. In der Hermetischen Medizin meinen wir, es gibt keine Krankheiten, es gibt ja auch keine Gesundheiten.

Es gibt nur kranke Menschen, also sollten wir den Menschen helfen, dass sie heil, ganz, gesund werden!

Wenn es keinen Zufall gibt, können wir auch den folgenden Satz besser verstehen:

„Sinnlosigkeit macht krank, Sinnhaftigkeit heilt!“

Wenn es keinen Zufall gibt, hat alles einen Sinn, auch wenn ich ihn noch nicht erkennen kann.

Wenn das so ist, gehe in dich, denke, kontempliere, meditiere und bete, dass du den Sinn verstehen mögest und die Kraft findest, ihn zu akzeptieren!

In der phonetischen Kabbalah, der Lehre vom Klang der Worte, sucht man in den Worten selbst schon einen Sinn zu erkennen.

In dem Wort Sinn steckt ‚inn‘, also innen, suche innen nach dem Sinn und nicht im Außen!

Englisch heißt Sinn u.a. auch sense. Darin steckt das lateinische Wort ‚ens‘, das Sein. Das Sein hat einen Sinn, es ist gesetzmäßig und nicht zufällig.

Die Natur, die Bäume mit ihren Blättern, das Gras der Wiesen sind auch nicht zufällig grün! Versuche doch mal herauszufinden, warum dies so ist!

Wenn du es gar nicht findest, besuche die Seminare des Autors, in denen diese ‚Geheimnisse' zum Teil gelüftet werden. (2)

Nur wenn der Schüler bereit ist, erscheint der Lehrer. Anders ausgedrückt: Ich muss mir auch Wissen verdienen; denn wie Ouspensky, der russische Mystiker schreibt: *Wissen ist materiell und geht verloren, wenn man es an Menschen verstreut, die es nicht anwenden zum Wohle aller, also z.B. nur aus Neugier.*

In dem Wort steckt ja schon die Gier - nicht zufällig!

Wir könnten natürlich noch vieles erwähnen, was sich aus diesem sechsten Hermetischen Prinzip ableiten lässt. Dazu reicht hier aber nicht der Platz und zudem möge der Leser selbst weiter denken, daran arbeiten. Denn was ich mir selbst erarbeitet habe, wirkt bei mir viel besser und geht in die Tiefe.

Auch die Astrologie lässt sich so mit den hermetischen Prinzipien sehr gut einordnen und verstehen.

So mancher Intellektuelle wird nun ganz abwinken und sagen: um Gottes willen, jetzt auch noch das!

Nun schauen wir uns doch einmal die Geschichte der Astrologie an.

Die erste Astrologie-Schule, von der wir wissen, gründete um 270 v.Chr. der aus Babylon stammende Bal-Priester Berossos auf der griechischen Insel Kos.

In Alexandria entstand die berühmteste astrologische Schule der Antike. Eines der wichtigsten astrologischen Werke aller Zeiten, die ‚Tetrabiblos‘ (Apostelesmatica) des Ptolemäus, wurde dort verfaßt. Nach diesem Ptolemäus wurde auch das anderthalb Jahrtausende gültige geozentrische (‚ptolemäische‘) Weltbild benannt. Im Jahr 139 v. Chr. wurden alle Astrologen nicht nur aus Rom, sondern aus ganz Italien ausgewiesen. 770 n. Chr. in Bagdad: Gründung einer Schule für Astronomie und Astrologie.Um 800 n. Chr. Abendland: Wiederbelebung der Astrologie unter Karl dem Großen. Seriöse astrologische Schulen wurden erst wieder im 13. Jahrhundert zunächst in Byzanz und dann auch im Abendland wiederaufgenommen. An den seit dem 12. Jahrhundert gegründeten Universitäten wurden viele Lehrstühle für Astrologie eingerichtet, so in Paris, Padua, Bologna, Florenz und Oxford. 17. Jahrhundert Italien: Placitus de Titis entwickelt die moderne Horoskoptechnik. Alan Leo (1860-1917) gab mit seinen in viele Sprachen übersetzten Schriften einen bedeutsamen Anstoß für eine Neubelebung der Astrologie in den Niederlanden und in Frankreich und dann auch in Deutschland. 1817 Deutschland: Der letzte Lehrstuhl für Astrologie an einer deutschen Universität (Würzburg) wird abgeschafft. Die Astrologie wurde lange sogar an deutschen Universitäten gelehrt.

Wer sich noch nie mit einem System ernsthaft beschäftigt hat, um zu prüfen, ob es stimmt, besser, ob es funktioniert, der sollte einfach den Mund halten, schweigen.

Für solche Menschen gibt es ein sehr kurzes Gebet, das sie täglich sprechen sollten: Herr, lass mich so lange schweigen, bis ich weiß, wovon ich rede.

Wer wie der Autor seit über dreißig Jahre nahezu täglich die Astrologie als Hilfsinstrument für die Diagnose und Therapie im ärztlichen Gespräch anwendet, darf dann doch wohl sagen: es ist eines der besten, wenn nicht das beste System, um die Zeitqualität abzubilden.

Und genau darum geht es. Die Uhr wurde erfunden, um uns die Zeitquantität zu ermöglichen.

Aber nach dem Polaritätsgesetz muss es dann auch eine Zeitqualität geben.

Und die gibt es, wir alle kennen sie recht gut. Sprechen wir nicht immer wieder davon, in was für einer Zeit wir eigentlich leben oder dass früher alles besser war.

Schon Caesar hat sich sogenannte Auguren gehalten, um

die Qualität der Zeit bestimmen zu können. Sie sollten mit ihren Systemen, die die Skeptiker als obskur bezeichnen würden, herausfinden, ob es z.B. der richtige Augenblick ist, einen Krieg anzufangen.

Kennen wir nicht das ‚Knochenwerfen' der afrikanischen Eingeborenen? Oder man schlachtet eine Ziege, und aus der Farbe, der Form, dem Geruch und der Lage der Eingeweide wird das Wetter vorausgesagt oder ob die Ernte schlecht wird oder nicht.

Münzenwerfen, Kartenlegen oder das Freßverhalten der Hühner zu beobachten , das sollen die Auguren des Caesar angewandt haben. Dieses sind sog. Mantische Systeme, um die Zeitqualität zu bestimmen.

Und für eben diesen Begriff ‚der richtige Augenblick', gibt es im altgriechischen sogar ein Wort, nämlich: Kairos.

Zitat aus Wikipedia:
Poseidippos von Pella (3. Jahrhundert v. Chr.) hat in seinen Epigrammen aus Olympia auch einen Dialog des Betrachters mit Kairos verfasst:

„*Wer bist du?*
Ich bin Kairos, der alles bezwingt!
Warum läufst du auf Zehenspitzen?
Ich der Kairos, laufe unablässig.
Warum hast du Flügel am Fuß?

Ich fliege wie der Wind.
Warum trägst du in deiner Hand ein spitzes Messer?
Um die Menschen daran zu erinnern, dass ich spitzer bin als ein Messer.
Warum fällt dir eine Haarlocke in die Stirn?
Damit mich ergreifen kann, wer mir begegnet.
Warum bist du am Hinterkopf kahl?
Wenn ich mit fliegendem Fuß erst einmal vorbeigeglitten bin , wird mich auch keiner von hinten erwischen, so sehr er sich auch bemüht.
Und wozu schuf Euch der Künstler?
Euch Wanderern zur Belehrung."
(Gründel 1996. Sp. 1131)

Besser kann man eigentlich Kairos, den richtigen Augenblick nicht beschreiben. Wenn du den richtigen Augenblick versäumst, ist alles vorbei.

Kein Augenblick kommt jemals wieder, diese jetzige Minute am heutigen Tag ist einmalig! Jedes Datum, jede Stunde und Minute ist einmalig, auch rein mathematisch.: 24.07.2011,12:25. Diese Zahl wird so nie mehr erscheinen.

„*Moment verweile doch, du bist so schön.*" (Goethe)

Jeder Wochentag, jeder Monat und jede Jahreszeit geben uns eine bestimmte Zeitqualität. So hat für die meisten Menschen der Wochenanfang eine andere Qualität als der

Freitag Mittag. Der Sonntag unterscheidet sich ganz massiv von den Wochentagen und der Winter mit dem Schnee sicherlich auch von der Hitze der Sommernacht!

Die Astrologie ist die Lehre von den Urprinzipien und deren Verhalten.

Das Horoskop ist ein wunderbares Instrument, um die Zeitqualität oder allgemein die Qualität abzulesen. Es bildet Urqualitäten und Urprinzipien ab.

Sagte nicht auch schon Paracelsus: Die Stunde der Heilung muss sein!
„*Und das merket ferner, dass all unsere Krankheiten geheilt werden sollen in der Stunde der Zeit und nicht nach unserem Begehren und Willen. Da eine jegliche Krankheit ein Fegefeuer ist, soll ein Arzt wissen und gedenken, dass er sich nicht vermesse der Stunde der Gesundheit oder der Stunde seiner arzneilichen Wirkung.*“

Mit Hilfe des Horoskops, das Wort kommt von hora die Stunde und skopein (altgriechisch) schauen, kann ich also die Zeitqualität anschauen, ja berechnen und zwar in Hinblick auf das Morgen, aber auch auf das Gestern.

Und da diese Methode mathematisch exakt ist, kann ich das Horoskop heute auch leicht mit dem Computer erstellen.

Doch dazu benötige ich nicht nur den Namen, das Geburtsdatum, sondern auch den Geburtsort und die Geburtszeit. So kann ich für alles, was einen Anfang hat, ein Horoskop erstellen, also natürlich nicht nur für Menschen.

Und wenn sich nun so mancher aus Erfahrung empört, 'ich war beim Astrologen, es hat nicht gestimmt, was er gesagt hat', dann bedeutet dies nur, dass bei diesem Astrologen, zu dieser Zeit, bei diesem Menschen und seiner Frage es nicht gestimmt hat.

Man sollte daraus nicht schließen, dass das System an sich falsch ist.

Wenn jemand schlecht Klavier spielen kann, sagt man auch nicht, z.B. Mozart habe verkehrte Noten hinterlassen.

Mit der Astrologie wird es noch spannender und auch für die meisten Menschen schwieriger: Man kann ja nicht nur die Zeitqualität der Vergangenheit ablesen, sondern auch der Zukunft.

Goethe: „*...das Gesetz, wonach du angetreten, dir kannst du nicht entfliehen...*“

Schiller: „*Stell dich freiwillig unter das Gesetz, dann bist du frei.*“

Das Horoskop ist also dein Lebens-, ja, dein Lehrplan. Wie in der Schule: der Lehrplan steht fest, den musst du erarbeiten. Du kannst nun wählen, ob du es freiwillig machst oder mit Strafarbeiten und Nachsitzen.

Genauso ist es im Leben. Offensichtlich wollen sehr viele Menschen nicht freiwillig lernen, denn sie scheinen doch oft ‚Strafarbeiten' machen zu müssen.

Dazu sagt Paracelsus: *„... da eine jegliche Krankheit ein Fegefeuer ist."*

Wenn nun mit der Geburt das Horoskop, also die Zeitqualität festgelegt ist, muss ich mich selbst vorher so verhalten haben, dass ich nun diese Konsequenz, positiv wie negativ, tragen muss.

Damit ist auch das Prinzip der Reinkarnation logisch und sinnvoll, denn das jetzige Leben ist nichts weiter als das Resultat aller voriger Leben, also aller Taten. Genauso wie der heutige Tag - er ist in der Zeitqualität die Konsequenz aus allen früheren Tagen.

Natürlich kann man mit diesem Ablesesystem auch z.B. ganz gut Fragen der Partnerschaft auf allen Ebenen, nicht nur privat, sondern auch im Beruf, in der Wirtschaft für Firmen usw., anschauen und mit Hilfe des Systems auch beraten.

Wenn man sich mit diesen Themen beschäftigt, kommt man auch bald an eine für die meisten Menschen unangenehme Grenze. Wenn man alles ablesen kann, Vergangenheit und Zukunft ist dann alles vorausbestimmt? Determinismus?

Dieses Thema können wir in diesem kleinen Buch nicht besprechen, es bleibt wegen seiner Komplexität den Seminaren vorbehalten. Aber, glaube mir, es ist lösbar.

Kommen wir zum letzten, dem 7. Hermetischen Prinzip.

Das Prinzip des Geschlechts

„Geschlecht ist in allem; alles hat männliches und weibliches Prinzip; Geschlecht offenbart sich auf allen Ebenen.“

Im ersten Moment meint man, dies sei ja dem Polaritätsgesetz gleich oder ähnlich.

Einerseits ja, andererseits bedeutet es noch viel mehr, es führt uns letztlich zur Überwindung der Polarität, und das bedeutet: in die Einheit.

Wenn alles Bewusstsein hat - wir definieren ja in der Alchemie: Bewusstsein gleich Information gleich Seele, - dann hat auch alles die zwei Pole, männliches und weibliches Prinzip in sich.

In der Biologie kennen wir den Begriff der Parthenogenese, d.h. Jungfrauengeburt. Eigentlich nennt man dies die eingeschlechtliche Fortpflanzung, wobei die Nachkommen aus unbefruchteten Eizellen entstehen sollen.

Dies wiederum bedeutet, dass ein Wesen beide Pole in sich hat und sich sozusagen selbst bestäuben oder begatten und dann selbst auch das Dritte, energetisch Neue zur Geburt bringen kann.

Letztlich kann dies jeder tun, denn alles hat männliches und weibliches Prinzip in sich selbst.

Bisher nachgewiesen wurde Parthenogenese, die auf natürliche Weise zu voll entwickelten Tieren führt, unter anderem bei (Zitate aus Wikipedia):

- sehr vielen Milbenarten

- vielen Insekten wie zum Beispiel der Honigbiene, bei der die männlichen Tiere (Drohnen) dadurch entstehen, dass die Königin nicht befruchtete (haploide) Eier legt (siehe Haplodiploidie)

- aber auch bei einigen Spinnentieren, Krebsen, Echsen, Schlangen, Haien und Vögeln

Wikipedia:
„Parthenogenese in religiöser Sicht
Während Parthenogenese in der Biologie einen beobachtbaren und erklärbaren Vorgang bezeichnet, ist die glaubensmäßige jungfräuliche Geburt (nach Jungfernzeugung), wie z. B. die Geburt Christi in christlichem und muslimischem Verständnis, ein religiöses Glaubensdogma. Auch in anderen Religionen, z.B. im Hinduismus, wird die Jungfrauengeburt überliefert.“

Also auch beim Menschen kennen wir dieses Phänomen und nicht nur aus christlicher Sicht.

Nun, wenn ‚alles Sichtbare nur ein Gleichnis ist' (Goethe), dann muss ein ähnlicher Vorgang bei jedem von uns ablaufen oder zumindest möglich sein.

Und wir wissen aus Erfahrung, dass jeder Mensch ein wenig vom Mann und von der Frau in sich trägt. Und wenn jeder beides, also männliches und weibliches Prinzip in sich hat, dann sollte auch jeder diese Vereinigung in sich vollziehen können.

Und hier kommen wir zu einem der größten Geheimnisse von uns Menschen, das leider zu wenig beachtet, gelehrt oder gar gelebt wird.

Aber auch wir können hier dies Geheimnis nicht lüften, dazu bedarf es einer persönlichen Unterweisung, die nur von Mund zu Mund gegeben wird, wenn der Schüler reif ist oder das ‚dritte Auge' sich geöffnet hat - ‚if the pupil is ready the master appears'.

Wir haben also prinzipiell alle diese Möglichkeit der Vereinigung von männlich und weiblich in uns. Wenn es geschieht, nennt man es auch die ‚alchymische Hochzeit', die Hohe Zeit der Überwindung der Polarität, also die Vereinigung der Polarität, den Übergang in die Einheit, die Polarität der Polarität.

Es ist die Überwindung von Zeit und Raum, ein Gefühl, das unbeschreiblich schön ist, vergleichbar mit dem Gefühl eines bewusst erlebten Orgasmus.

Aber dieser ‚Orgasmus‘ währt, wenn er einmal angefangen hat, ewig.

Also übe täglich, die Überwindung der Polarität, die Überwindung des Ego hin zum ‘Ichthu‘, alles ist in mir und ich bin in allem, zum Wohle aller!

Separation, Purification and Cohabation (Trennen, Reinigen und Wiedervereinigen), d.h. co-habitare - beides wohnt in mir, es ist in mir vereint, so wie es heißt: „Ich und der Vater sind eins.“

Dann bist du immer „**online**“.

Und dann gibt es keine Trennung mehr in Zeit und Raum:

Alles ist Eins!

Anhang

Hier nun Übungen, die helfen können, sich schneller zu entwickeln:

Für den **Körper**: essen, waschen, trinken, kleiden, schlafen. Und was tun die Menschen für ihre Seele? Wenig.

Also: Für die **Seele** oder das Bewußtsein:

1. Jeden Morgen, wenn du aufwachst: **Lächle dankbar** für alles - wirklich alles, was du hast, was du bist!

2. **Positive Motivation**: Sage Dir, alles was mir heute begegnet, sehe und akzeptiere ich. Alles, was geschehen ist, ist richtig. Was kann ich daraus lernen? Wertungen sind immer von Menschen gemacht: alles ist richtig, da es gesetzmäßig geschehen ist, es gibt keinen Zufall!

3. **Zünde eine Kerze an**, stelle einen Wecker auf fünf oder besser sogar auf zehn Minuten und schaue nur in die Kerze. Aber trainiere dabei, neben dir zu sitzen, dich selbst anzuschauen und genau festzustellen, welche Gedanken und Gefühle in dir hochkommen.

Und dies solltest du **dein Leben lang** jeden Tag immer und überall trainieren, dich und deine Situation anzuschauen - ohne Wertung, nur sagen: So ist es.

4. **Schaue täglich** eine halbe oder noch besser **eine Minute im Spiegel** direkt in deine Pupillen. Das geht natürlich nur rechts und links abwechselnd. Ein Volkssprichwort, das wir schon von den alten Griechen kennen nämlich: gnoti seauton - zu deutsch: Selbsterkenntnis ist der erste und einzige Weg zur Besserung!

5. **Jeden Abend**, ein Leben lang, bevor du einschläfst, vollziehe **eine kurze Rückschau**: was hast du heute gedacht, gefühlt, gesprochen und getan. Und dann das Wichtigste: **Verzeihe allen Menschen** in deinem Leben und beginne damit bei deinen Eltern. Sie sind es, denen du besonders verzeihen solltest. Und vergiß nicht, du hast sie selbst für dein Leben ausgesucht - also vor allem: **Verzeihe auch dir selbst- alles**!

Und im Alltag:

A) Dein Leben lang: Jede Stunde 1x tief mit dem Bauch einatmen, dann 3-4 Sekunden anhalten und wieder ausatmen und 3-4 Sek anhalten.

Beim Einatmen denken: In der Ruhe liegt die Kraft, beim Ausatmen denken: Friede sei mit Dir.

Damit trainierst du das Sonnegeflecht, den Solar Plexus, einen sehr wichtigen Teil des Nervensystems, der dich immer wieder in deine Mitte bringt.

B) Schaue jedem Menschen, mit dem du sprichst, bevor du etwas sagst, auf die Mitte der Stirn und denke: **Friede sei mit Dir!**

Tue dies, auch wenn es nicht ganz ehrlich sein sollte, auch wenn du dabei deine Zähne fletschen möchtest. Auf jeden Fall denke: Friede sei mit Dir!

Wenn du dies zweiunddreißig Millionen mal gedacht hast, hast du alle dein Probleme hier auf Erden gelöst und bist frei! Nicht zufällig zweiunddreißig!

Es gibt viel zu tun, packen wir es an!

Seminare:

Wenn du noch mehr erfahren, bzw. verstehen möchtest, empfehlen wir dir, unsere Seminare ‚Spirituelle Psychologie‘, und danach dann die Seminare ‚Fasten, Schweigen und Meditation‘ zu besuchen, die wir schon seit über fünfundzwanzig Jahre halten.

Wenn du das Seminar ‚Fasten, Schweigen und Meditation‘ mindestens fünf bis sieben mal besucht hast, wirst du zu den sogenannten Fortgeschrittenen Kursen eingeladen. Da erfährst du Dinge, die du sonst in keinem Buch findest. Denn die Hermetik beinhaltet noch viel, viel mehr, als bisher öffentlich bekannt ist.